Lucile

D1099425

LE RÉGIME
du docteur
B E R G E R

LE RÉGIME
du docteur
B E R G E R

*Perdez du
poids et gagnez de
l'énergie en revitalisant
les défenses
naturelles de votre
organisme*

LIBRE
EXPRESSION

SOLAR

Titre original :

Dr. Berger's Immune Power Diet
Traduction française par Patricia Mathieu

Dépôt légal:
3e trimestre 1986

ISBN 2-89111-295-4

LE RÉGIME
DU DOCTEUR BERGER :
MINCEUR
ET BIEN-ÊTRE

Les travaux scientifiques les plus récents éclairent d'un jour nouveau les rapports qui existent entre notre alimentation, notre apparence physique et notre comportement. Le docteur Stuart M. Berger, éminent médecin, a établi, à partir de ces découvertes, un programme d'amaigrissement dont les résultats sont spectaculaires et durables. Grâce à ce programme, des milliers de personnes — notamment des acteurs célèbres, des chanteurs et des hommes d'affaires importants — ont perdu beaucoup de poids et bénéficient désormais d'une santé et d'une vitalité qu'elles n'avaient jamais connues auparavant. Aujourd'hui, le régime alimentaire que le docteur Berger prescrit à ses patients dans son luxueux cabinet de la Cinquième Avenue à New York peut être adopté par tous ceux qui désirent perdre du poids et améliorer leur santé.

Dans les pages de cet ouvrage, le docteur Berger explique clairement comment et pourquoi son régime fonctionne. Grâce à des tests très simples, vous pouvez l'appliquer à votre propre cas. Des menus quotidiens et plus de quatre-vingts recettes vous permettront de suivre ce régime sans difficulté et d'obtenir des résultats surprenants, en associant à une importante perte de poids une nette amélioration de votre santé et une merveilleuse sensation de bien-être.

Première partie

MAIGRIR EN REVITALISANT VOS DÉFENSES NATURELLES

1

Prenez-vous en main

Ce régime est unique. C'est le premier programme alimentaire véritablement scientifique dont l'objectif est de renforcer et de revitaliser le système des défenses naturelles de votre organisme.

VOUS POSSÉDEZ DÉJÀ LES ARMES NÉCESSAIRES

Il existe dans notre corps un système incroyablement complexe d'actions, de réactions et d'interactions qui agit sur les milliards de cellules de notre organisme. Ce système nous permet de lutter contre la maladie; il intervient sur notre niveau d'énergie et de créativité, et même nos humeurs et nos sentiments. Les découvertes les plus récentes indiquent que ce système agit également sur notre poids. Mon expérience sur des milliers de patients démontre que chacun peut agir personnellement sur ce système en adoptant une alimentation qui développe les défenses naturelles de l'organisme. Et c'est là la base de mon régime.

VOTRE MÈRE AVAIT RAISON

Vous vous souvenez peut-être que votre mère avait l'habitude de vous répéter qu'il fallait bien manger pour être fort et en bonne santé? Elle vous disait : « Tu vas détruire ton organisme avec tous ces produits chimiques. Tu deviendras gros, paresseux et apathique! Tu n'auras plus de résistance et tu tomberas sans cesse malade. »

13

Elle vous parlait tout simplement de l'*immunologie.* La biologie nous a fourni les outils permettant de comprendre ce que votre mère savait instinctivement. Des tests d'une très grande précision nous permettent aujourd'hui de compter les cellules du système immunitaire, de mesurer les substances chimiques contenues dans le sang au millionième de gramme près, et de quantifier les réactions biochimiques de nos cellules à notre alimentation et même à d'autres aspects de notre mode de vie.

J'ai utilisé toutes les nouveautés de la médecine et de la microbiologie pour mettre au point et tester un régime alimentaire permettant de revitaliser le système des défenses naturelles. J'ai ainsi permis à plus de trois mille de mes patients de retrouver la santé, de perdre du poids, et d'acquérir une énergie nouvelle.

LES 12 BIENFAITS DU RÉGIME BERGER

1. Il débarrasse l'organisme des toxines et des substances chimiques qui atténuent la vitalité.
2. Il permet d'éviter les rhumes, la grippe, les maux de tête, les troubles cutanés et gastriques.
3. Il fait perdre les kilos excédentaires.
4. Il assure un amaigrissement sans risque de reprise de poids.
5. Il apporte du tonus et de l'énergie.
6. Il contribue à donner un sommeil paisible.
7. Il détend, rend optimiste et spontané.
8. Il améliore la puissance de concentration et la mémoire.
9. Il rend plus facile les relations professionnelles, sociales et familiales.
10. Il permet de préparer le corps à une existence longue, saine et active.
11. Il accroît le potentiel sexuel.
12. Il fait de vous un homme, une femme, en forme, heureux, mince, et bien dans sa peau.

2

Les 3 étapes du régime du docteur Berger

Corriger le déséquilibre, régler et reconstituer votre système de défense est plus simple que vous ne le pensez. Voici les méthodes efficaces que vous emploierez.

LA PREMIÈRE ÉTAPE : CORRIGER LE DÉSÉQUILIBRE

Ce que vous mangez peut endommager les cellules de votre système de défense, entraînant ou favorisant l'apparition de troubles tels que l'asthme, les nausées, l'urticaire, les angoisses, les maux de tête, les insomnies, les palpitations, les crampes, le gonflement des mains, des pieds ou des chevilles.

Lorsque le système de défense ne parvient plus à lutter comme il le devrait, nous sommes victimes de maladies chroniques qui affectent l'ensemble de notre organisme, ou de troubles d'organes spécifiques comme les reins, les poumons ou les organes génitaux.

Chacun de nous possède des réactions différentes à l'égard des divers aliments. Certains produits que nous consommons fréquemment, et dont nous ressentons même parfois un besoin impérieux, risquent d'endommager gravement notre système de défense. Ces aliments toxiques sont très divers, et surtout, ils varient selon les individus. Votre réaction aux aliments vous est aussi personnelle que vos empreintes digitales. Et il peut s'agir d'aliments que vous consommez couramment sans vous rendre compte qu'ils sont pour vous nocifs.

Mais rassurez-vous *je vais vous apprendre à identifier ces aliments dangereux.*

LA DEUXIÈME ÉTAPE : RÉGLER

L'une des découvertes récentes les plus intéressantes de la recherche scientifique est la certitude que notre système de défense détient la clé de notre poids et de notre santé.

Le système de défense intervient sur notre poids de différentes manières : il régule la façon dont nous absorbons, digérons et stockons la nourriture ainsi que l'efficacité avec laquelle notre corps peut convertir ce qu'il reçoit en énergie. La graisse est le réservoir naturel d'énergie de l'organisme. L'état de notre système de défense détermine la quantité de graisse que nous éliminons pour produire de l'énergie – ou que nous transportons sous forme de kilos en trop. Lorsque le régulateur de graisse est détraqué, vous accumulez des milliards de cellules de graisse excédentaire. Dans la seconde partie de ce livre, je vous montrerai comment, en suivant mon régime, vous pourrez obtenir le bon réglage de votre système de défense, qui fera de vous une « machine de minceur », et entretenir cet équilibre pendant toute votre vie.

En tant que psychiatre et spécialiste du contrôle du poids, je suis très conscient du rôle que joue la graisse dans notre santé, aussi bien mentale que physique. Dans la société actuelle, on peut dire qu'être obèse, c'est être malheureux. Les kilos en trop représentent aussi très souvent un lourd fardeau psychologique : sentiments de culpabilité et de honte de ne pas être capable de maîtriser son corps, entraînant l'irritation et la solitude.

Mais quel est le rapport entre ces sentiments et notre santé ? Il est très important. Selon des recherches menées par des universités américaines renommées comme Stanford, Harvard et UCLA, notre attitude mentale peut influencer notre système de défense. Cela signifie que *la graisse excédentaire entraîne des sentiments qui peuvent véritablement contribuer à nous maintenir en mauvaise santé.* Si vous vous *croyez* obèse et en mauvaise santé, vous *resterez* obèse et en mauvaise santé. *Cependant,* vous pouvez briser ce cercle vicieux en suivant le régime Berger, et en consommant les aliments dont votre organisme a besoin pour redonner à votre système de défense, et par conséquent à votre poids, un équilibre sain.

LA TROISIÈME ÉTAPE : RECONSTRUIRE

A mesure que vous apprendrez à connaître les aliments qui vous sont néfastes et à les écarter, non seulement vous perdrez du poids, mais vous franchirez un pas considérable en direction d'une vie beaucoup plus saine. Vous *reconstruirez* les défenses naturelles de votre corps. Pour cela, il suffit de suivre un programme soigneusement calculé de suppléments alimentaires : des vitamines, des sels minéraux et des acides aminés adaptés à votre régime personnel, à votre âge, à votre sexe, à votre mode de vie, à votre niveau de stress et aux risques d'allergie qui sont les vôtres.

J'ai mis au point un système très simple *qui vous permettra de calculer l'état de votre système de défense quand vous le souhaiterez.* Vous utiliserez un petit questionnaire que j'appelle le test du Q.D., c'est-à-dire de votre quotient de défense.

A mesure que votre Q.D. progressera, la quantité de vos suppléments alimentaires diminuera. Cependant, si vous vous trouvez dans une situation difficile pour votre système de défense, vous pourrez recourir à un programme particulier qui vous permettra de rétablir votre équilibre. Ces plans de secours sont destinés à vous aider en cas de stress inhabituel, à la suite d'un choc affectif par exemple, mais ils peuvent également vous être utiles pour lutter contre des troubles fréquents comme le syndrôme prémenstruel, ou les excès de boisson passagers. Je vous donnerai même ma formule personnelle en ce qui concerne le coupe-faim mis au point pour vous par la nature !

LA SÉCURITÉ AVANT TOUT

Comment être certain que le régime Berger ne présente aucun danger ? C'est facile. Il est fondé sur des réalités biologiques solides. Utilisant la science de manière extrêmement rigoureuse, le régime Berger établit une synthèse de toutes les connaissances désormais acquises en ce qui concerne les interactions qui existent entre l'alimentation et le fonctionnement des cellules du système de défense de l'organisme.

Quand vous comparez les régimes draconiens et très traumatisants que recommandent la plupart des ouvrages d'amaigrissement à l'équilibre harmonieux sur lequel repose le régime Berger, vous comprenez qu'il ne s'agit pas d'une agression contre votre organisme, mais d'une reconstitution de vos défenses naturelles. En préconisant un régime alimentaire qui vous permet de désintoxiquer votre corps, ajouté à un programme individuel de suppléments de vitamines, de minéraux et d'amino-acides, le régime Berger redonne son équilibre à votre système de défense.

La démarche utilisée par le régime Berger est sans danger. Ce régime n'est ni agressif ni traumatisant. *Les risques sont pratiquement nuls si vous suivez le programme scrupuleusement.*

3

Comment
j'ai vaincu l'obésité

Je vous demande de procéder à des changements importants dans votre vie. Dans ces conditions, il est juste que j'évoque les changements de ma propre existence qui m'ont incité à écrire cet ouvrage. A une époque, j'ai pesé jusqu'à *cent quatre-vingt-dix kilos;* je sais donc ce que c'est que vivre dans un corps rendu difforme par l'obésité. De plus, je sais quels sont les multiples problèmes de santé — qui vont des maux de tête aux ulcères en passant par les douleurs articulaires — indissociables de l'obésité.

Je pèse aujourd'hui quatre-vingt-huit kilos. Cela signifie que je *sais* ce que l'on éprouve en se guidant soi-même, prudemment et victorieusement, d'un état malsain jusqu'à la santé et à la minceur.

LA TENTATION PERMANENTE

J'étais fils unique et mes parents tenaient une confiserie; j'ai été élevé par une grand-mère très stricte, loin des amis de mon âge. Seul et soumis à la tentation permanente des sucreries, j'ai rapidement suivi la voie qu'empruntent un grand nombre d'entre nous dans leur enfance : j'ai mangé pour oublier mon ennui.

J'ai poursuivi cette habitude destructrice jusqu'à mon adolescence, et à dix-neuf ans, j'avais atteint ce poids incroyable de cent quatre-vingt-dix kilos. J'étais grand,

19

mais il était hors de question de parvenir à « porter » tant de kilos excédentaires.

Au moment d'entrer à la faculté de médecine, j'étais inquiet. J'avais passé tous mes examens avec succès, et j'étais le plus jeune de ma classe à l'université, j'étais donc bien parti pour devenir médecin; mais je savais que ma condition physique désastreuse sapait ma force et risquait de me nuire dans mes études et dans ma carrière future. Elle perturbait déjà considérablement mes relations sociales et sexuelles.

Je ressemblais davantage à une outre gonflée qu'à un jeune homme de dix-neuf ans, et je m'essoufflais dès que je devais me déplacer. Mon sommeil était très perturbé, et je ne faisais pratiquement aucun exercice. Ma principale activité physique consistait à ouvrir la porte du réfrigérateur pour me jeter sur toutes sortes d'aliments nocifs : des gâteaux, des sucreries, des biscuits, tout ce qui pouvait combler le vide permanent de mon estomac.

Face aux exigences que représentaient les études de médecine, je savais qu'il me fallait changer; j'ai donc décidé de prendre les choses en main. Comme des millions d'autres personnes l'avaient fait avant moi, je décidai de maigrir et de retrouver la santé. Et, comme des millions d'autres personnes avant moi, je plongeai dans toutes sortes de problèmes.

Durant l'été précédant mon entrée à la faculté de médecine, je cessai pratiquement de manger. Je m'imposai un régime comportant trois cents calories par jour, qui me fit perdre vingt kilos en cinq semaines.

Je faillis en mourir. Après quelques jours, je ne parvenais plus qu'à me traîner péniblement au long des journées. Je sentais que mon esprit s'embrouillait. Il me devenait pratiquement impossible de me concentrer sur quoi que ce soit. Je souffrais très souvent de nausées. Mes muscles s'étaient tellement affaiblis que j'avais toutes les peines du monde à tenir debout, et bien que me sentant de plus en plus fatigué, je ne parvenais pas à dormir.

C'est dans cet état que je partis pour la faculté. J'arrivai le mardi matin, et je me retrouvai dans le bureau d'un médecin l'après-midi même. Elle me regarda, poussa un cri, et m'exposa la situation telle qu'elle était : mon corps était dans un état de sous-alimentation qui pouvait être mortel. Elle m'en énonça les symptômes cliniques : léthargie, confusion des idées, pâleur, faiblesse, tonicité musculaire amoindrie.

— Franchement, dit-elle, vous n'êtes pas en état d'entamer une année d'études de médecine. Le programme qui vous attend est très dur.

Elle me regarda dans les yeux et poursuivit :

— Si vous voulez réussir un jour à soigner les autres, vous devez commencer par prendre soin de votre propre santé.

Elle me prescrivit un régime avant de me laisser quitter son cabinet. Il s'agissait d'un régime traditionnel, fondé sur le calcul du nombre de calories, la surveillance des hydrates de carbone et l'équilibre entre les différents aliments. Il me permit en effet de perdre du poids, mais très lentement. Je parvins rapidement à vaincre les signes de la sous-alimentation, mais au fil des mois, ma santé ne s'améliora pas. En fait, elle s'aggrava même considérablement.

DE PLUS EN PLUS MALADE

Je connus tout d'abord de terribles douleurs à l'estomac. Je les mis sur le compte du stress des études de médecine, et n'en tins pas compte. Ces maux devinrent de plus en plus fréquents et insupportables, jusqu'au jour où on dut m'hospitaliser d'urgence. J'appris par la suite que lorsque j'étais arrivé, je souffrais d'une hémorragie gastrique très grave, et qu'on avait dû m'injecter près de trois litres de sang pour enrayer ce saignement qui aurait pu me coûter la vie. Le diagnostic : ulcère du duodénum.

On me plaça dans la salle de soins intensifs où les médecins m'administrèrent des médicaments très puissants dont je savais par mes études qu'ils risquaient de provoquer de graves troubles rénaux. Quand je me retrouvai à l'université, j'étais constamment perturbé par des douleurs gastriques.

De nouveaux problèmes surgirent alors. Je sombrai soudain dans des périodes de désespoir, où je n'avais plus la moindre énergie et où le monde entier me paraissait terrible. Ces crises alternaient avec des moments de surexcitation intense, et j'étais tantôt déprimé, tantôt hystérique. Pire encore, j'avais beaucoup de difficulté à me concentrer sur mon travail. Mes idées étaient aussi confuses que lorsque j'avais failli me faire mourir de faim.

Ensuite apparurent les maux de tête. Au cours de ma

seconde année d'études, je commençai à éprouver des migraines terribles. Elles surgissaient toujours de manière inattendue, au milieu d'une conférence ou dans le laboratoire, et elles étaient si intenses que je devais interrompre mon travail pour aller m'étendre. Mes médecins me firent subir toutes sortes d'examens, mais sans résultat; mes migraines devenaient de plus en plus fréquentes et douloureuses.

Finalement, cette situation empira à tel point que les médecins me conseillèrent de me soumettre à une myélographie, un examen dangereux et douloureux lors duquel une substance opaque est injectée dans le cerveau par la moelle épinière. Terrifié à l'idée que mes maux de tête pouvaient être dus à une maladie ou à une tumeur du cerveau, je décidai de subir cet examen.

Les résultats furent négatifs, à mon grand soulagement. Mais cette épreuve eut des conséquences pénibles. Je ne pouvais plus lever ou tourner la tête sans ressentir une douleur déchirante et intense.

Ma santé n'avait jamais été aussi mauvaise. Je n'oublierai jamais la terrible épreuve que représentèrent mes examens de fin d'année. Je bénéficiai d'une autorisation spéciale me permettant de subir les épreuves étendu sur le sol, de manière à pouvoir lire et répondre aux questions sans perdre conscience.

Je ne m'étais jamais senti aussi frustré. Je travaillais, j'étudiais et je vivais dans un centre de la connaissance médicale, dans une ruche de savants et de chercheurs titulaires de prix Nobel. Cependant, mes nombreux médecins ne parvenaient pas à se mettre d'accord sur le mal dont je souffrais, et les différents traitements qu'ils me prescrivaient ne faisaient qu'aggraver la situation. Je sentais que si cela continuait de cette manière, je devrais quitter l'université, et que je pourrais devenir fou, ou même mourir.

C'est alors que je décidai de prendre moi-même les choses en main.

LA DÉCOUVERTE DU RAPPORT AVEC LE SYSTÈME DE DÉFENSE

Je décidai tout d'abord d'en apprendre le plus possible sur les aspects physiologiques, biochimiques, immunologi-

22

ques et psychologiques de la nutrition et de l'amaigrissement. En plus de mes cours à l'école de médecine, je m'inscrivis au centre de santé publique de l'université de Harvard.

Plus j'étudiais, plus je devenais enthousiaste. Chaque découverte, chaque étude que je lisais avait un rapport direct avec les problèmes qui avaient tellement bouleversé mon existence. Les changements d'humeur et de sentiments, l'obésité, les troubles gastriques et nerveux, les maux de tête... Je commençai alors à percevoir les *rapports nutritionnels directs* qui expliquaient tous ces symptômes.

Chaque question que je posais m'entraînait vers une série de réponses fascinantes. Je me demandais comment la nutrition pouvait affecter notre santé. Je découvris les travaux du docteur Robert Good, qui dirigeait alors le centre anticancéreux de l'hôpital Memorial de New York. Le docteur Good montrait qu'une alimentation riche en graisses accélérait la diminution de volume du thymus, un organe vital pour les cellules de notre système de défense, le dérèglement de ce système pouvant entraîner l'apparition de certaines maladies.

Grâce aux travaux du centre de recherches sur les maladies infectieuses de l'armée américaine, je me familiarisai peu à peu avec les liens qui existent entre des nutriments spécifiques et le système de défense. Un manque de vitamine B 6, par exemple, provoque une déficience sérieuse des cellules de défense de l'organisme. L'insuffisance de vitamine C empêche également le corps de se maintenir en bonne santé. J'appris aussi que certains minéraux, tels que le zinc, sont essentiels au bon fonctionnement des cellules immunitaires de l'organisme et que la vitamine E stimule un certain nombre de fonctions de protection et améliore nos facultés à lutter contre les infections et le cancer.

Je me familiarisai également avec les recherches concernant ce que les savants appellent les *radicaux libres*. Ce sont des substances créées par nos cellules lorsqu'elles utilisent l'oxygène. Particulièrement instables, elles réagissent facilement à de nombreuses substances présentes dans les cellules, et ces réactions risquent d'endommager gravement les mécanismes fragiles de la régulation cellulaire. Lorsque ces mécanismes sont perturbés, la cellule peut perdre son efficacité ou même mourir. Les biologistes pensent que l'accumulation de cellules défectueuses est responsable de l'apparition d'un grand nombre de maladies dégénératives telles que l'arthrite, le durcissement des artères, les troubles cardiaques et rénaux.

En lisant ces travaux, je compris que les vitamines C, E et A notamment paraissent « absorber » les radicaux libres avant qu'ils n'aient le temps d'endommager les cellules. C'est l'une des raisons pour lesquelles ces vitamines semblent renforcer notre système de défense et contribuent à prévenir de nombreuses maladies communes.

JOUER LE RÔLE DE COBAYE

Tout ce que j'apprenais venait des laboratoires de recherche les plus perfectionnés au monde. Beaucoup de ces découvertes ont depuis lors été vérifiées sur le plan clinique, mais à cette époque elles étaient si nouvelles que la connaissance se limitait aux expériences effectuées sur les souris blanches en laboratoire. Personne ne savait réellement quels seraient les effets de ces innovations sur les êtres humains, ni même si elles auraient un quelconque résultat.

Je n'avais donc pas le choix : je devais jouer le rôle de cobaye. J'essayai de varier des éléments spécifiques de mon régime, et d'étudier les conséquences que cela entraînerait. Je fis des tentatives nouvelles avec les aliments, les vitamines, les minéraux, les protéines, les hydrates de carbone, les fibres et les amino-acides, c'est-à-dire tout ce qui compose notre alimentation quotidienne. Je notai soigneusement chaque résultat.

Je découvris ainsi que je me sentais mieux et que j'avais moins de malaises lorsque je prenais des quantités assez fortes de vitamines C, A et E. Certaines protéines me permettaient de stabiliser mon humeur et mon énergie, alors que rien n'allait plus si j'abusais des hydrates de carbone. Mes nerfs se calmaient et je dormais mieux avec un régime basé sur des doses élevées de vitamine B et de certains acides aminés. Je remarquai que je devenais irritable dès que je consommais des céréales et des produits laitiers, et que si je les évitais, je me sentais nettement mieux et mon énergie se trouvait accrue.

LE RETOUR AUX SOURCES ET À LA SANTÉ

Je m'aperçus rapidement que je me sentais en bien meilleure santé que lorsque je suivais des traitements médicaux traditionnels. Toutes ces années d'examens douloureux, de procédures désagréables et traumatisantes et de traitements toxiques m'avaient épuisé, sans résoudre le problème de mon obésité. Maintenant, grâce à mon propre traitement, je perdais du poids, et je me sentais bien mieux qu'auparavant.

Lorsque je quittai la faculté de médecine, mon poids était retombé à cent deux kilos. Comme je suis grand, cela me donnait une silhouette élancée, bien proportionnée et athlétique. J'avais perdu près de cent kilos. Ayant littéralement fondu de moitié, je me sentais plus énergique que jamais et cela grâce à un régime amaigrissant de ma propre création! *Je savais désormais que maigrir était une chose possible.*

Je me spécialisai dans la psychiatrie, sans interrompre pour autant mes recherches dans le domaine de la régulation du poids. A Harvard, je me plongeai davantage encore dans tous les ouvrages traitant de la nutrition et du contrôle du poids.

J'étudiai les rapports existant entre les amino-acides de notre alimentation et notre système de défense. Les recherches montraient que l'organisme utilise les amino-acides (les éléments constitutifs de base de toutes les protéines que nous consommons) pour produire les cellules qui luttent contre les infections.

Je me familiarisai avec les recherches effectuées à l'Institut Karolinska en Suède, siège du prix Nobel de médecine. Les médecins de ce grand institut avaient découvert que les personnes obèses sont plus fragiles que les autres face à un grand nombre d'infections bactériennes graves. Cette affirmation coïncidait avec les travaux du docteur Newberne à Boston, qui établissaient que plus l'organisme est chargé de graisse, plus il risque des infections graves.

Il me semblait que chaque jour qui passait apportait de nouvelles révélations. Des découvertes essentielles dans les domaines de l'immunologie, de la médecine préventive et de la nutrition jaillissaient pratiquement en permanence des laboratoires de recherche! Mais ce n'était pas tout. Mon cabinet de la Cinquième Avenue à New York était envahi par les patients, et ces patients m'apprenaient beaucoup de choses.

Je m'aperçus progressivement que les patients peuvent se diviser en trois catégories. La première correspond aux personnes véritablement désespérées. Un grand nombre d'entre elles souffrent des symptômes graves que j'ai moi-même connus : manque d'énergie et de vivacité, maux de tête, syndromes gastriques et intestinaux, léthargie et fatigue, troubles de la peau, tous ces phénomènes n'ayant aucune explication logique. Je savais par expérience quels étaient les sentiments d'impuissance et d'amertume de ces patients qui voyaient leur santé leur échapper, sans savoir pourquoi.

La seconde catégorie de patients vient me consulter pour des raisons bien différentes. Pour ces personnes, le fait de se sentir en pleine forme et d'avoir un comportement et une silhouette irréprochables n'est pas un luxe, mais une nécessité absolue. Il s'agit de célébrités du cinéma ou de la télévision, d'hommes d'affaires et de magnats qui dirigent des empires financiers considérables. Il y a aussi les artistes, les musiciens, les intellectuels, les sportifs professionnels de renommée mondiale, ainsi que des membres de familles régnantes du monde entier.

Ces personnes savent que leur santé est leur capital le plus important pour réussir : elles doivent avoir un physique et une assurance parfaits à chaque instant. Leur esprit doit déborder d'énergie, de créativité et d'inspiration pour faire face aux défis que représentent leurs professions, les plus exigeantes que l'on puisse imaginer. Elles viennent donc me consulter pour que je redonne à leur corps une santé et une vitalité à toute épreuve.

La troisième catégorie de patients est constituée par des gens ordinaires, qui me demandent conseil car ils estiment que leur santé et leur énergie pourraient être meilleures qu'elles ne le sont. Ils ne souffrent d'aucune affection particulière, mais ont simplement le sentiment de ne pas avoir autant de vitalité et d'entrain que d'autres personnes de leur entourage.

Au moment où ils arrivent dans ma salle d'attente, la plupart de mes patients ont déjà fait le tour des « meilleurs » spécialistes, des plus grandes cliniques et des thérapies les plus nouvelles. S'ils sont là, c'est qu'ils ont cherché de l'aide ailleurs, mais sans succès.

SUR LA PISTE D'UN MYSTÈRE

Plus j'y ai pensé, plus j'ai compris que ces trois groupes de patients, qui semblaient très différents au premier abord, avaient des points communs. Deux aspects très particuliers semblaient notamment ressortir chez chacun d'entre eux.

Tout d'abord, en procédant à des examens sanguins de routine, je m'aperçus que beaucoup de patients qui souhaitaient perdre du poids souffraient également de déséquilibres importants du système de défense. Des échantillons de sang prélevés dans des bras qui paraissaient pourtant en bonne santé révélaient des perturbations considérables de ce système. Je fus également surpris de constater que tous mes patients ne réagissaient pas de la même manière au traitement. Leur santé semblait souvent s'améliorer pendant un certain temps, puis elle se stabilisait. Je devais traiter une grande diversité de symptômes : des maux de tête inexpliqués, des troubles nerveux, de mystérieuses douleurs gastriques ou intestinales, des lésions ou des éruptions cutanées, et surtout de graves problèmes psychologiques, notamment la dépression, l'angoisse et la léthargie. Les symptômes les plus importants disparaissaient le plus souvent, mais je ne parvenais pas à obtenir la guérison totale.

D'autres personnes perdaient du poids sans difficulté, mais sans autre amélioration notable de leur santé. Elles étaient satisfaites de ce résultat, mais je sentais que leur progression aurait dû être beaucoup plus complète, et que quelque chose les empêchait de redevenir saines et robustes.

En outre, certaines ne parvenaient même pas à perdre beaucoup de poids, bien que j'utilise toutes les armes et toutes les techniques connues pour lutter contre les kilos excédentaires. Je me mis désespérément à chercher des indices susceptibles de m'aider à résoudre ce mystère de la médecine.

LE POUCE DE CHARLOTTE

C'est le pouce de Charlotte qui m'apporta finalement la solution. Lorsque Charlotte entra dans mon bureau, elle était au bord des larmes. Je l'écoutai me raconter son histoire. Elle avait travaillé dur pendant vingt ans pour créer l'une des plus célèbres maisons de fourrures de New York. Elle travaillait constamment de ses mains, faisant des coutures très minutieuses, disposant les manteaux sur des cintres, et soulevant des peaux très lourdes. Elle avait récemment été gênée par des douleurs et une perte de souplesse de ses doigts, et notamment de son pouce droit. Elle m'expliqua que ce qui n'avait été au début qu'un léger désagrément s'était par la suite considérablement aggravé, malgré l'aspirine et les médicaments anti-inflammatoires que lui avait prescrits son médecin. Très souvent, ses douleurs l'empêchaient de travailler. Elle était désespérée.

— Les fourrures sont la seule chose que je connaisse, docteur. C'est mon métier, ma vie. Je ne sais pas ce que je ferais si je devais renoncer à cette profession.

Elle était également préoccupée par son poids, et à juste titre. De petite taille, elle pesait au moins vingt kilos de trop et elle semblait beaucoup plus vieille que son âge. Le désespoir perçait dans sa voix tandis qu'elle me décrivait les nombreux régimes qu'elle avait essayés et qui s'étaient soldés par des échecs. A mesure que la conversation avançait, je me demandais s'il n'existait pas un lien entre son problème de poids et les douleurs qu'elle ressentait dans les mains. Je lui demandai de passer un test pour établir les éventuelles allergies alimentaires dont elle pouvait souffrir.

Les allergies alimentaires sont un fléau très répandu et trop souvent méconnu. Les recherches effectuées récemment indiquent que chacun d'entre nous est allergique à certains aliments. Lorsque nous consommons ces aliments, ils attaquent les globules blancs de notre sang, qui font partie de notre système de défense, et les perturbent ou les détruisent. Les allergies sont aussi diverses et aussi nombreuses que les aliments que nous mangeons, mais chaque personne réagit à des substances bien précises. En fait, ces allergies sont aussi individuelles que des empreintes digitales. Jusqu'à une époque assez récente, nous ne disposions pas de tests de laboratoire suffisamment perfectionnés pour nous permettre de suivre l'évolution de ces destructions, mais les progrès de la technologie rendent aujourd'hui possible cette observation très minutieuse.

Je fis subir à Charlotte un test lors duquel un petit

échantillon de sang était exposé à des centaines d'aliments différents. En regardant la manière dont les cellules de défense des patients réagissent au contact des différentes substances, il est possible d'évaluer très rapidement leurs allergies.

Dans le cas de Charlotte, les tests révélèrent qu'un grand nombre des aliments qu'elle consommait chaque jour — le maïs, la levure, certains légumes et le poisson — tuaient littéralement ses globules blancs et étaient à l'origine non seulement de ses douleurs chroniques, mais aussi de son problème de poids. Je lui expliquai que si elle écartait ces aliments toxiques de son régime, ses symptômes disparaîtraient peut-être.

Trois semaines plus tard, je reçus un coup de téléphone de Charlotte, folle de joie :

— C'est incroyable! La douleur dans ma main a complètement disparu! J'ai recommencé à travailler, sans aucun problème!

Lorsqu'elle revint me voir deux mois plus tard, elle avait perdu dix-huit kilos, ces kilos qu'elle s'efforçait en vain de faire disparaître depuis des années. En regardant cette jeune femme mince et énergique, j'eus du mal à reconnaître la personne qui était entrée dans mon bureau au bord des larmes.

— Je n'arrive pas à y croire, dit-elle. Pendant toutes ces années, je suis restée obèse et malade, simplement parce que je ne savais pas manger!

LA NAISSANCE DU RÉGIME BERGER

C'est alors que j'ai compris les possibilités de ce nouveau principe, non seulement pour Charlotte mais pour chacun d'entre nous. Je décidai de mettre les mêmes théories en pratique sur d'autres patients, en concentrant le traitement non seulement sur la perte de poids, mais aussi sur la reconstruction des systèmes de défense déficients.

J'observai de près l'alimentation, le mode de vie et le niveau de stress que connaissait chacun de mes patients, car chacune de ces caractéristiques affecte les fonctions de défense. Je mis au point des régimes particuliers qui excluaient les aliments toxiques pour chaque personne.

Ensuite, j'utilisai tous les éléments nutritionnels naturels — les vitamines, les amino-acides et les minéraux — pour reconstruire leur système de défense endommagé.

Plus j'affinais le traitement, plus les résultats étaient satisfaisants dans *tous* les domaines de la santé de mes patients. Quelles que soient les raisons pour lesquelles ils avaient décidé de me consulter, ils devenaient tous plus énergiques, plus vifs, plus heureux, et moins sujets aux infections. *De plus*, ils perdaient tous du poids.

BRISER LE CERCLE VICIEUX DE L'OBÉSITÉ

J'ai traité plus de trois mille patients depuis cette découverte, et je sais que mon régime est efficace. Ceux qui suivent ce programme d'alimentation voient leur santé, leur état d'esprit et leur silhouette s'améliorer de manière notable. De plus, ils parviennent sans mal à conserver leur minceur. En effet, il est important de perdre les kilos excédentaires, mais l'essentiel est d'éviter de retomber dans l'obésité.

Ce traitement a prouvé qu'il est possible d'entretenir une bonne santé pendant très longtemps. C'est dû au fait que le régime Berger est spécifiquement conçu pour équilibrer le système de défense de l'organisme, créant ce que les biologistes appellent un état d'autorégulation.

Les difficultés habituelles aux autres régimes n'existent plus; les fringales et le besoin fréquent de manger n'importe quoi sont éliminés.

En tant que médecin, ayant suivi des études rigoureuses, je peux affirmer que mon régime repose exclusivement sur des principes médicaux solides et sans danger.

Le serment d'Hippocrate, auquel tout médecin doit s'engager au moment où il entre en fonction, nous rappelle ce principe essentiel : « Surtout, ne jamais faire de mal. » C'est devenu mon vœu le plus cher.

En tant que psychiatre, je sais que, quelle que soit la solidité d'un régime sur le plan biologique, il ne peut être efficace que s'il tient compte de multiples paramètres : nos besoins et nos craintes, le soutien de notre famille et de nos amis, notre mode de vie individuel, et notre désir de modifier réellement notre comportement. Tous ces éléments doivent être bien orchestrés pour qu'une véritable progression puisse apparaître. C'est pourquoi j'ai inclus dans mon programme des principes de santé psychologiques destinés à aider chaque personne à procéder à des changements positifs dans son existence.

Mais surtout, en tant que médecin qui aide chaque jour les gens à retrouver la santé et à maigrir, je sais que ce programme est absolument *efficace pour tout le monde.*

Cela m'amène à des statistiques dont je suis très fier; depuis quelques années que j'utilise ce régime, j'ai aidé mes patients à perdre un total de plus de trente-sept mille kilos excédentaires. *Trente-sept tonnes!* Chacun de ces kilos — les miens et ceux de mes patients — m'a beaucoup appris dans le domaine de la régulation de poids efficace, sans danger et durable.

4

Apprenez rapidement à mieux connaître votre système de défense

Vous avez sans doute compris maintenant que votre système de défense est la clé d'une meilleure santé, d'une énergie accrue, d'une joie de vivre décuplée et de la régulation saine et durable de votre poids. Mais qu'est-ce exactement que ce système? De toute évidence, pour le régler de manière parfaite — et pour vous donner une santé parfaite —, il est indispensable de savoir assez précisément ce qu'il est et comment il fonctionne. Je vais vous montrer ce qui se passe dans le magnifique réseau de cellules et de substances qui le constituent. Ces connaissances vous permettront de tirer le meilleur parti du régime Berger et de retrouver pleinement votre santé et votre vitalité tout en perdant du poids.

LUTTEZ CONTRE LES ENVAHISSEURS

L'ensemble des défenses de l'organisme identifie, chasse et détruit les éléments biologiques perturbateurs avant qu'ils aient pu endommager notre corps. Il peut s'agir par exemple de bactéries dues à une coupure ou à une écharde, d'un germe de la rougeole, d'un microbe propagateur du rhume, d'un champignon rare et mortel, ou même d'une cellule cancéreuse.

Ces « envahisseurs » essaient de s'emparer de nos tissus et s'alimentent des nutriments présents dans l'organisme. S'ils prennent le dessus, nous tombons malades, et dans certains cas nous risquons même de mourir. Le travail de notre système de défense consiste à détruire ces envahisseurs avant qu'ils ne nous détruisent.

FAITES LA CONNAISSANCE DES AMIS QUI PROTÈGENT VOTRE VIE

Ce système est extrêmement complexe, mais il suffit de comprendre le rôle de quatre de ses éléments essentiels pour savoir ce que le régime Berger peut vous apporter. Ces éléments sont les suivants : le thymus, les lymphocytes (une catégorie de globules blancs), les anticorps et les macrophages (parfois appelés cellules balayeuses). Au lieu de vous faire un cours de biologie, je vais vous présenter ces différents personnages et vous décrire leur rôle dans votre organisme.

Imaginons que vous ayez contracté un virus de la grippe la semaine dernière. Il a pu entrer dans votre organisme par une coupure, par un verre dans lequel vous avez bu, ou simplement par l'air que vous respirez. Naturellement, vous n'avez rien senti, mais le virus s'est infiltré insidieusement dans vos vaisseaux sanguins, en se multipliant sans cesse. Ces virus ont un objectif : prendre le contrôle de vos cellules. A l'intérieur des couloirs chauds de votre organisme, ils tentent de pénétrer dans les cellules les plus vitales et de perturber leur fonctionnement normal. Si ces virus étaient libres d'agir à leur guise, ils endommageraient tellement de cellules que vous vous sentiriez très affaibli, ou pire encore, très malade.

Mais ces maraudeurs porteurs de la grippe ont compté sans votre système de défense. A mesure qu'ils se multiplient dans votre sang, ils se trouvent confrontés à une certaine catégorie de globules blancs, les lymphocytes. Les lymphocytes sont les fantassins indispensables de la bataille. N'oubliez pas ces cellules, car nous en parlerons souvent dans cet ouvrage; en effet, de *leur* bonne santé dépend *votre* bonne santé. Vous constaterez par la suite que ce que vous mangez peut aider considérablement les lymphocytes ou au contraire leur nuire terriblement dans leur mission de protection de votre corps.

LES SOLDATS DU SYSTÈME DE DÉFENSE

Le nombre de lymphocytes présents dans le sang défie l'imagination. Il y en a environ un billion — soit 1 000 000 000 000 — dans vos vaisseaux sanguins, et chacune de vos gouttes de sang en contient environ trois mille. Depuis que vous avez commencé à lire cette phrase, plus de 800 000 lymphocytes ont été produits et détruits dans votre corps.

Certains de ces lymphocytes passent par un petit organe de la taille d'une noix situé à la base de votre cou et appelé thymus. Là, des hormones particulières transforment les lymphocytes en cellules agressives, parfois appelées cellules T (T pour thymus).

Les cellules T possèdent une qualité très appréciable : elles sont capables de distinguer les bonnes des mauvaises substances, c'est-à-dire celles qui doivent se trouver dans votre sang et celles qui sont étrangères. Elles n'affectent pas les cellules saines de l'organisme, mais elles attaquent tous les éléments extérieurs, comme les germes, les organes transplantés et les greffes, et même nos propres cellules quand elles sont devenues malignes.

ALERTE ROUGE!

Lorsqu'une cellule de défense se trouve en présence d'un élément étranger, elle s'infiltre en lui comme une clé dans une serrure, s'installe fermement à l'intérieur et avertit du danger. C'est ce qui arrive quand un virus de la grippe pénètre dans votre organisme. Dès que vos sentinelles de défense donnent l'alarme, les troupes entrent en action.

Tout d'abord, les cellules T se reproduisent de plus en plus vite de manière à pouvoir déborder le virus. Chaque cellule T est programmée pour combattre un ennemi précis. Certaines de ces cellules, appelées cellules tueuses, se placent autour des cellules envahies par le virus. Les cellules tueuses attaquent nos cellules contaminées par le virus, et d'une certaine manière elles les étouffent. Elles dégagent en effet des substances chimiques mortelles qui font exploser les cellules atteintes.

C'est alors que les messagers chimiques entrent en action pour venir en aide à la première ligne de défense de votre corps. Tandis que ces substances se concentrent à l'endroit atteint, cette région commence à rougir, à enfler, et devient plus sensible. Ce sont les signes annonciateurs de l'infection. C'est cette réaction qui provoque les douleurs musculaires et articulaires que vous ressentez lorsque vous êtes malade. Certaines des substances ainsi libérées indiquent au cerveau qu'il doit élever la température du corps pour permettre aux cellules de défense de travailler plus vite : c'est alors qu'apparaît la fièvre.

A ce moment, vous commencez à ressentir cette impression familière de « l'enflement des glandes ». Il ne s'agit en réalité pas de glandes, mais de points de rassemblement dans le réseau des vaisseaux qui transportent les cellules de défense vers la région touchée pour lutter contre l'envahisseur. Ce réseau s'appelle « *système lymphatique* », et tous ces points de rassemblement sont des *ganglions lymphatiques.* Lorsqu'ils grossissent et deviennent sensibles, c'est le signe que des bataillons entiers de cellules se préparent pour le combat. Par conséquent, une telle inflammation ne doit pas vous alarmer; elle indique simplement que le corps remplit ses fonctions de manière normale, et qu'une bataille féroce fait rage en vous.

A cet instant, les envahisseurs se demandent probablement ce qu'ils sont venus faire dans cette galère, car ils se voient dépassés en nombre par les cellules T vengeresses et entourés par des substances chimiques alliées de ces cellules. Que pourrait-il leur arriver de pire ? Et c'est à ce moment que vos troupes de défense choisissent de sortir une nouvelle arme : les *anticorps*. Les anticorps sont programmés comme des missiles téléguidés pour fondre sur l'envahisseur, et ils se déversent par milliers dans vos vaisseaux sanguins à chaque seconde. Ils se dirigent droit sur le virus, le cernent et s'accrochent solidement à lui. (Nous reparlerons des anticorps, car si votre organisme manque de certains nutriments, il aura du mal à produire ces « missiles » dont vous avez besoin.)

Il est temps maintenant de présenter les derniers participants de la bataille, les *macrophages,* qui sont en fait une autre variété de globules blancs. Leur nom signifie littéralement « gros mangeurs », et c'est exactement ce qu'ils sont. Dès qu'ils perçoivent une région entourée d'anticorps, c'est-à-dire un envahisseur, ils se précipitent pour le dévorer.

Face à un nombre aussi élevé de soldats, le virus n'a aucune chance. Il est rapidement la proie des cellules T, des anticorps, des macrophages, et de toutes les substances chimiques recrutées par le système de défense. Étant donnée la lutte acharnée qui se déroule en vous, il n'est pas étonnant que vous vous sentiez si fatigué quand vous avez la grippe!

UNE LUTTE CONSTANTE

Lorsque la bataille est gagnée, les envahisseurs ont été détruits. Maintenant, vos troupes de défense se réduisent, vos « glandes » reprennent leur taille normale, les maux, les douleurs et la fièvre disparaissent. Les sentinelles reprennent leurs patrouilles de routine. Quant à vous, vous pouvez quitter votre lit et retourner au travail, estimant normal de retrouver la santé, mais sans savoir quelle bataille courageuse vos soldats ont engagée pour vous sauver.

Ces batailles se déroulent à chaque seconde de chaque jour, sans interruption. En effet, notre organisme contient des milliards de milliards de micro-organismes, et notre système de défense est engagé dans une lutte permanente aussi longtemps que nous vivons.

Il arrive cependant que la menace ne provienne pas d'envahisseurs extérieurs; parfois, nos propres cellules passent à un état précancéreux. Quoi qu'il en soit, vos cellules de défense s'attaquent tout aussi férocement à ces traîtres. Le célèbre docteur Lewis Thomas, ancien directeur du centre anticancéreux de l'hôpital Memorial de New York, fut l'un des premiers à comprendre cette surveillance permanente effectuée par le système de défense. Ses travaux ont contribué à montrer que ces cellules sont constamment vigilantes et détruisent celles qui ont subi une mutation — c'est-à-dire qui ont perdu leur forme normale. En revanche, si votre système de défense est endommagé, ces cellules risquent de se transformer en cancer.

LE RÔLE DE L'ALIMENTATION

Vous savez donc maintenant pourquoi ces quatre éléments de votre système de défense sont déterminants dans votre bonne santé générale. Mais quel est le rapport entre tout cela et la nutrition? C'est tout simple : ce que vous mangez peut soit renforcer, soit affaiblir votre système de défense.

Il n'est pas surprenant que ce lien soit si important. Votre organisme produit à chaque seconde de votre vie 200 000 nouvelles cellules de défense et des milliers de molécules d'anticorps. Cela représente des millions de cellules que le corps doit fabriquer quotidiennement.

Il est absolument indispensable que votre organisme reçoive les nutriments dont il a besoin pour être toujours prêt en vue de la bataille. Les aliments que nous consommons fournissent à notre corps les éléments vitaux nécessaires à la production de ces millions de cellules. Ces éléments sont, comme je l'ai déjà dit, les suivants : les amino-acides, les protéines, les minéraux et les vitamines.

Les vitamines, par exemple, jouent un rôle déterminant à tous les stades de la bataille. Les recherches les plus récentes indiquent qu'un manque de vitamine A réduit le nombre de cellules T dans l'organisme, de sorte que celui-ci dispose d'une quantité moindre de soldats pour organiser ses attaques. Une insuffisance de vitamine B — notamment des vitamines B 6 et B 12 — empêche vos cellules de créer les anticorps qui leur sont indispensables, de sorte que votre corps dispose alors d'une arme en moins dans sa guerre permanente. De nombreuses études indiquent que la vitamine C est essentielle à l'activité des macrophages, car, sans elle, ces « cellules dévoreuses » si importantes ne fonctionnent pas parfaitement.

Les minéraux également affectent différentes parties du système de défense. Le zinc est peut-être le minéral le plus important dans ce domaine. Si notre organisme ne dispose pas d'une quantité suffisante de zinc, un grand nombre des tissus du système lymphatique ont tendance à se contracter, et c'est notamment le cas du thymus, où sont formées les cellules T si importantes, et des ganglions lymphatiques, où les soldats se rassemblent. La concentration de zinc dans nos cellules détermine également l'énergie avec laquelle les macrophages s'attaquent aux envahisseurs, et des études montrent que l'insuffisance de zinc réduit également le nombre de cellules T. Il existe d'autres minéraux importants : le manque de sélénium réduit le nombre des anticorps chez les animaux de laboratoire, et l'excès de cuivre, de cadmium ou de plomb risque d'affaiblir les cellules T et de les empêcher de lutter efficacement contre les envahisseurs.

Les amino-acides sont également très importants. Le tryptophane, la phénylalanine, la lysine et la méthionine sont nécessaires à la production des anticorps. De plus, les amino-acides étant les éléments constitutifs de toutes les cellules de l'organisme, ils déterminent le nombre de cellules T dont nous disposons pour combattre les germes étrangers et même le cancer.

Il existe plus de cinquante nutriments essentiels au système de défense, et ils doivent être consommés dans des quantités bien précises pour que celui-ci fonctionne de manière puissante et efficace.

LE FACTEUR PSYCHOLOGIQUE

Des découvertes fascinantes qui sortent maintenant des laboratoires de recherche montrent que nous pouvons véritablement influencer notre système de défense lorsque nous savons comment il fonctionne. Cette nouvelle science étudie la manière dont notre état d'esprit affecte la santé de ce système. Le docteur Carl Simonton et son épouse Stephanie sont les plus célèbres pionniers de cette science d'avant-garde. Ils ont constaté que le simple fait de se représenter de manière concrète ce qui se passe dans le système de défense suffit parfois à améliorer le fonctionnement de celui-ci. Les Simonton ont ajouté aux traitements classiques du cancer une technique appelée « représentation imagée ». A la clinique Simonton à Fort Worth, au Texas, les patients apprennent à imaginer de manière très concrète leur système de défense luttant contre le cancer, et on les encourage à représenter cette action par des dessins. Certains patients voient des chevaliers sur des pur-sang blancs, d'autres imaginent des chars d'assaut et des avions bombardiers; les détails importent peu, pourvu que l'image soit claire.

Les résultats ont été spectaculaires dans de nombreux cas. Les tumeurs diminuent, les symptômes disparaissent et l'état psychologique des patients s'améliore considérablement. Personne ne sait exactement pourquoi ces images mentales redonnent de l'énergie au système de défense, mais plusieurs chercheurs ont affirmé à de nombreuses reprises que cette technique permet d'améliorer la santé physique et mentale des patients.

MANGEZ POUR VOS CELLULES

Les aliments que nous consommons peuvent aider ou nuire à notre système de défense d'une autre manière. Certains des mets que nous mangeons tous — et qui nous paraissent nourrissants et sains — peuvent véritablement faire exploser des milliers de nos lymphocytes si précieux. Il est difficile de mesurer de manière très précise toutes ces réactions. Si vous pouviez utiliser mon microscope de laboratoire, vous verriez les lymphocytes — qui constituent le cœur de notre système de défense — gonfler et s'autodétruire en présence de certaines toxines alimentaires.

Ces travaux sont très récents; par conséquent, nous avons encore beaucoup à apprendre. Mais nous savons que ces réactions entraînent un grand nombre de problèmes physiques et psychologiques. Elles peuvent également déclencher une réaction de fringale incontrôlée à l'égard de ces mêmes aliments qui sont les plus nuisibles à nos cellules. Cela provoque une réaction physiologique en chaîne qui nous fait prendre du poids.

Notre alimentation est le domaine dans lequel nous savons aujourd'hui influencer le fonctionnement de notre système de défense. Vous pouvez, et vous devez manger de manière à aider votre pouvoir de défense à atteindre son maximum. Vos cellules peuvent vous aider à retrouver la santé, la vitalité et l'énergie, à vous sentir jeune et à rajeunir physiquement ... *à condition* que vous leur fournissiez par votre alimentation tout ce dont elles ont besoin.

5

Kilos en trop : pas de régimes draconiens

Il est temps maintenant de passer à un sujet délicat : votre ligne. Il vous faut examiner de près vos cuisses, vos hanches, votre ventre, vos bras, vos chevilles, tous les endroits où sont amassés les dépôts de graisse disgracieux et malsains de votre corps.

LE TEST DU PINÇON

L'emplacement exact de vos kilos excédentaires peut varier en fonction de différents facteurs, et notamment votre sexe; en effet, la graisse ne s'accumule pas chez les femmes aux mêmes endroits que chez les hommes. Regardez donc où se trouvent vos propres réserves de graisse.

Entre votre pouce et votre index, pincez quelques centimètres de votre peau. Si vous pincez ainsi plus de deux centimètres de graisse, vous pouvez être certain que le système de régulation de poids de votre corps a entreposé trop de réserves d'énergie sous forme de graisse. Ces dépôts inutiles dus à un système de défense mal réglé vous donnent cette silhouette que vous trouvez si peu gracieuse.

LE CERCLE VICIEUX DE L'OBÉSITÉ

La graisse que vous parvenez à pincer ne représente que la partie visible de l'iceberg. Dans votre organisme, les cellules de graisse organisent un conflit destructeur entre vous et votre système de défense. Ce cycle fonctionne de manière très simple : plus vous êtes obèse, plus votre système de défense est en mauvais état, et plus votre santé est mauvaise. Par ailleurs, l'obésité vous rend vulnérable aux rhumes, à la grippe, aux infections graves, aux maladies virales, aux troubles cardiaques, au diabète, et même au cancer.

De plus, plus votre système de défense est déréglé, plus vous risquez de grossir et de garder vos kilos. Cela signifie que *chaque kilo excédentaire que vous portez rend la perte de poids plus difficile, et, à l'inverse, rend le gain de poids plus probable.* Ainsi que vous l'imaginez, cela crée un terrible cercle vicieux dans lequel la mauvaise santé entraîne l'obésité, et vice versa.

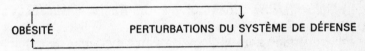

OBÉSITÉ   PERTURBATIONS DU SYSTÈME DE DÉFENSE

- Troubles de l'appétit
- Problèmes médicaux
- Manque d'énergie et d'endurance
- Changements d'humeur

- Maladies fréquentes
- Faiblesse
- Problèmes de santé
- Vieillissement précoce

Ce cercle vicieux ressemble à un manège auquel vous ne pourriez pas échapper, mais il n'a rien d'amusant, comme l'a constaté Diane, l'une de mes patientes.

Diane connaissait trop bien ce « manège ». Depuis quinze ans, le nombre de ses kilos excédentaires avait oscillé entre quinze et vingt. Lorsqu'elle était plus jeune, elle était une femme très mince et dynamique; elle était donc très consciente des effets de l'obésité sur son énergie, son bien-être et son amour-propre, et même sur ses rapports avec son mari.

Au fil des années, Diane avait essayé tous les régimes imaginables pour se débarrasser de ces kilos qui la rendaient si malheureuse. Elle avait essayé de jeûner et de ne manger que des fruits. Elle avait tenté un régime à base de protéines, et s'était rendue malade en passant ensuite à un régime sans protéines. Elle avait parcouru la gamme des régimes à la mode, macrobiotique, avec ou sans protéines, etc.

Mais malgré tous ses efforts, elle n'avait constaté aucune amélioration. Elle devenait de plus en plus léthargique, dépressive, et souffrait de problèmes d'arthrite dans les mains. Elle me confia que ce qui la perturbait le plus, c'était que son obésité avait fini par détourner d'elle les attentions de son mari. A tous les niveaux de son existence, Diane ne connaissait que trop ce terrible « manège infernal » de l'obésité.

Lors de sa deuxième visite, Diane décida de suivre le régime Berger pour perdre du poids.

En quatorze semaines, elle perdit les quinze kilos qu'elle s'était efforcée en vain de faire disparaître depuis tant d'années. Ces mêmes kilos qui l'avaient empêchée de faire ce qu'elle souhaitait le plus au monde : dire définitivement adieu au cercle vicieux de l'obésité.

VOUS AUSSI, SORTEZ DE CE CERCLE VICIEUX

En procédant à un réglage de votre système de défense, vous pouvez empêcher vos cellules de lutter contre vous, et les remettre de votre côté pour perdre du poids et retrouver santé et dynamisme.

Pour briser ce cercle vicieux, vous devez comprendre comment vous y êtes entré. Le domaine de *l'immuno-logie des lipides* — qui étudie les effets des graisses sur le système de défense — est si révolutionnaire que nous ne disposons pas encore d'un grand nombre de résultats.

Cependant, une chose est claire : des millions de personnes dans le monde s'obstinent à compter les calories qu'elles consomment, sans pour autant réussir à perdre du poids.

Des études récentes dirigées par la Fondation américaine de la science (National Science Foundation) indiquent que les calories ne sont pas, comme nous le pensions autrefois, les éléments clés de l'amaigrissement.

Le scénario est bien connu de tous ceux qui ont essayé de perdre des kilos : une perte de poids spectaculaire et immédiate, suivie par une longue phase de plateau, pratiquement sans progression.

Faut-il recourir à des solutions extrêmes pour se débarrasser des kilos excédentaires le plus vite possible ? C'est ce que promettent tous les régimes dits très rapides. Malheureusement, les choses ne sont pas si simples. Ce genre de raisonnement peut vous conduire vers toutes sortes de régimes extrêmement dangereux pour votre santé. Les régimes draconiens ont un point commun : ils perturbent le cycle métabolique de l'organisme. Leur objectif est toujours de bouleverser brusquement notre corps pour lui faire perdre des kilos.

Cependant, tous vos kilos excédentaires ne sont pas apparus en un jour, et ils ne pourront pas non plus disparaître aussi vite. Vous ne pouvez pas espérer vous débarrasser définitivement de votre excès de poids si vous ne chassez pas également les causes de cette obésité, c'est-à-dire le déséquilibre de votre système qui avait initialement causé cet excédent de graisse.

En écrivant ces lignes, j'ai près de moi une pile de documents scientifiques qui prouvent que les régimes draconiens peuvent entraîner de graves déficiences du système de défense. En fait, ces régimes amaigrissants risquent de perturber votre système à un point tel qu'ils vous précipiteront littéralement dans le cercle vicieux de l'obésité.

Patricia en est un exemple parfait. Peu après la naissance de son premier enfant, alors qu'elle n'avait pas encore trente ans, elle avait suivi consciencieusement un régime et un programme d'exercices pour retrouver sa silhouette mince. Elle avait réussi à regagner cette ligne agréable qui lui plaisait tant. Mais lorsqu'à trente-quatre ans elle avait donné naissance à sa seconde fille, les choses s'étaient passées de manière bien différente.

C'était peut-être dû au fait qu'elle devait maintenant s'occuper de deux enfants très jeunes, ou qu'elle était âgée de trente-quatre ans; quoi qu'il en soit, Patricia ne réagit pas du tout de la même manière qu'après son premier accouchement. Au lieu de retrouver sa ligne, elle perdit progressivement toute maîtrise de son poids. Lorsque sa seconde fille atteignit l'âge de six mois, Patricia s'aperçut qu'elle avait gagné dix kilos depuis sa naissance. Le simple fait d'aller en ville pour quelques achats ou même de monter les escaliers chez elle la laissait épuisée et essoufflée. Elle voyait régulièrement la flèche de son pèse-personne monter d'un kilo par semaine.

Patricia, qui avait toujours eu l'habitude d'attaquer les problèmes de front, décida de s'occuper immédiatement de son poids, et, sur les conseils d'une amie, elle acheta un livre consacré à un régime amaigrissant et le lut le soir même.

Elle se lança immédiatement dans ce régime, en adoptant les portions alimentaires minimales qu'il conseillait. Au début, ses kilos semblèrent s'envoler comme par magie, et elle ne s'alarma donc pas en constatant que son dynamisme s'amenuisait de plus en plus. Maintenant, au lieu de ressentir la fatigue en milieu de journée, elle éprouvait des somnolences et un épuisement inexplicable dès son réveil. Elle commença à souffrir de maux de tête, qui lui donnaient l'impression d'un martèlement régulier et lancinant dans son crâne. Après une dizaine de jours, sa peau qui était lisse et nette auparavant commença à s'assécher et à devenir terne, et elle constata un léger tremblement de ses mains qui s'accentuait à mesure que la journée avançait. Elle était inquiète, mais elle poursuivit tout de même son régime, tentant désespérément de perdre du poids.

Puis, un jeudi après-midi, tandis que Patricia travaillait dans son bureau, elle se leva pour aller chercher un dossier et fut prise d'un malaise.

— J'ai eu l'impression d'être renversée par une vague très forte, me dit-elle par la suite.

Elle s'appuya contre son bureau pour reprendre l'équilibre, et ressentit une forte nausée.

— C'est à ce moment que j'ai vraiment commencé à avoir peur. Je ne m'étais jamais sentie aussi faible.

Le lendemain, elle était dans mon cabinet.

Ses yeux étaient enfoncés dans leurs orbites, elle était pâle et nerveuse, et sa peau semblait pendre de ses os. C'était une femme qui souffrait de graves problèmes de malnutrition simplement parce qu'elle voulait à tout prix perdre du poids.

En quittant mon cabinet, Patricia voyait les choses d'un point de vue bien différent : désormais, elle mangerait de manière à aider son corps à maigrir, au lieu de lutter contre ses besoins alimentaires naturels. Lorsqu'elle revint me voir quatre semaines plus tard, elle avait perdu sept kilos, et elle continue à progresser, tout en bénéficiant d'une santé et d'un dynamisme retrouvés.

Tel est en effet l'objectif du régime Berger. Il utilise un programme équilibré qui vous fera perdre du poids sans aucun risque, en s'appuyant sur votre propre système de régulation naturelle du poids. Le régime Berger utilise de nombreux nutriments, mais les plus importants d'entre eux pour vous aider à maigrir sont les fibres et les hydrates de carbone complexes.

LES FIBRES : NOURRISSANTES, MAIS SANS DANGER

Les fibres vous aideront à perdre du poids de deux manières différentes : tout d'abord, elles sont nourrissantes. Sur le plan physiologique, les aliments volumineux écartent le problème de la faim, de sorte que vous mangerez moins d'aliments riches en calories, en sucre et en graisses qui vous apportent des kilos et perturbent votre système de défense.

Par ailleurs, un régime riche en fibres contribue à régulariser les hauts et les bas de la digestion des protéines et des sucres. Cela signifie que votre appétit sera mieux réglé, que votre énergie sera plus constante, et que vos humeurs seront plus stables et plus positives. Les fibres vous aideront également à résister à l'envie de vous jeter sur des sucreries, et en éliminant ces fringales destructrices, vous briserez un nouveau maillon de ce cercle vicieux de l'obésité dont nous avons déjà parlé.

Toutes les recettes de la deuxième partie de cet ouvrage contiennent une certaine quantité de fibres qui vous permettront de renforcer votre système de défense, de réduire les fringales entre les repas, et de perdre vos kilos excédentaires.

LES HYDRATES DE CARBONE COMPLEXES : LA NOURRITURE A RETARDEMENT

Les hydrates de carbone complexes, comme les pommes de terre, les pâtes et les céréales complètes, sont un élément essentiel de ce régime. Comme les sucres, ces aliments nous donnent de l'énergie, mais contrairement aux sucres, ils se dissolvent lentement dans notre organisme. En fait, ce sont des sources de nourriture à retardement. Il n'y a pas si longtemps, les aliments tels que les pommes de terre, le riz et les pâtes étaient strictement interdits par tous les régimes amaigrissants, mais aujourd'hui, nous savons apprécier le rôle des hydrates de carbone complexes dans l'amaigrissement.

La plus grande partie de ces connaissances nous a été apportée par les personnes qui ont besoin de maintenir leur condition physique à son plus haut niveau et en permanence : les sportifs professionnels. Les médecins spécialistes du sport nous ont appris à quel point les hydrates de carbone complexes sont essentiels pour l'entretien du dynamisme, de l'endurance et de la force physique générale. En travaillant moi-même avec des sportifs professionnels, j'ai appris à respecter le rôle vital de ces aliments et je les recommande maintenant à *tous* mes patients dans le cadre d'un régime sain et sans risque de fatigue.

Les aliments comme les pâtes et les céréales complètes vous aident également à perdre du poids en remplaçant une grande partie des graisses dans votre régime. En réduisant l'importance des graisses pour les remplacer par des fibres et des hydrates de carbone complexes, vous retrouverez une alimentation raisonnable. L'énergie que nous tirons des hydrates de carbone complexes est libérée comme par un mécanisme de retardement : c'est-à-dire que ces aliments sont assimilés lentement par l'organisme, et qu'ils sont transformés en énergie de manière progressive et inoffensive. En revanche, les sucres et les graisses nous donnent un brusque regain d'énergie, puis leur effet diminue, ce qui nous pousse à vouloir en consommer toujours plus. Nous savons tous que les aliments que nous absorbons de manière excessive par rapport à nos besoins d'énergie sont stockés dans l'organisme sous forme de dépôts de graisse.

Enfin, les hydrates de carbone complexes regorgent des vitamines et des minéraux essentiels à la bonne santé de votre système de défense. Ils contiennent des vitamines A, B, C, D et E ainsi qu'une grande variété de minéraux, et un grand nombre des acides aminés dont votre corps a besoin. Ils représentent des « aliments polyvalents », dans la mesure où ils contiennent de nombreux nutriments essentiels que nous évoquerons fréquemment dans cet ouvrage; par conséquent, si vous adoptez ces aliments, vous serez pratiquement certain que votre alimentation est saine et que vous offrez une bonne nutrition à votre organisme.

Étant donnée la valeur inestimable des hydrates de carbone pour votre santé, les recettes que vous trouverez dans cet ouvrage vous permettront de les utiliser pleinement pour reconstruire votre système de défense tout en perdant du poids.

6

Les allergies cachées : le talon d'Achille du système de défense

Nous avons déjà vu qu'il est indispensable de fournir à votre organisme tous les éléments dont il a besoin pour assurer le renouvellement constant de votre système de défense. Vous êtes maintenant conscient des rapports étroits qui existent entre l'obésité et le mauvais état de ce système.

Il existe cependant un autre problème très subtil par lequel votre alimentation peut affecter le bon fonctionnement de votre système de défense. Il s'agit des *allergies alimentaires cachées*. Il est possible que, sans en être conscient, vous perturbiez votre système de défense par ce que vous mangez.

Chacun d'entre nous souffre d'allergies spécifiques à l'égard de certains aliments, et ces allergies risquent d'endommager les soldats qui nous protègent, les lymphocytes. Si vous les examiniez au microscope, vous verriez les cellules de défense gonfler, ralentir, et finalement exploser au contact de ces toxines alimentaires. Certains aliments ont donc véritablement engagé une guerre contre les cellules essentielles à votre santé. Lorsque vous vous asseyez pour dîner, la destruction biologique de votre corps se trouve peut-être, sans que vous le sachiez, au bout de votre fourchette.

Aussi étrange que cela paraisse, la plupart des gens

souffrent d'allergies à l'égard des aliments qui nous semblent les plus nourrissants et les plus sains. Les allergies au blé, au maïs et aux produits laitiers sont très fréquentes. La levure, le sucre, le café, les œufs et le soja sont également les causes de nombreuses allergies.

BON POUR L'UN, POISON POUR L'AUTRE

Les allergies sont aussi variées que les aliments que nous consommons, mais *les allergies de chaque personne sont spécifiques et uniques*. C'est ainsi qu'une personne peut être allergique aux aliments dérivés du blé, au sucre, aux produits conservés dans le vinaigre et aux produits laitiers, tandis qu'une autre sera allergique à l'orge, aux betteraves, aux fruits de mer, ou aux légumes verts. Les techniques très perfectionnées dont disposent maintenant les laboratoires nous permettent de voir comment ces aliments détruisent nos cellules de défense. Il est d'ailleurs amusant de constater qu'il aura fallu attendre les derniers progrès des recherches en physiologie pour comprendre la réalité biologique du vieil adage selon lequel « ce qui convient à un homme peut être un poison pour son voisin ».

Les allergies alimentaires sont si spécifiques que même des jumeaux élevés ensemble et nourris de la même manière peuvent avoir des allergies bien distinctes. Il existe cependant différents degrés dans les allergies. Certains aliments ne provoquent que des dommages légers à quelques globules blancs, tandis que d'autres déclenchent des destructions massives, tuant des centaines de milliers de cellules. En fait, nos allergies sont si personnelles qu'elles constituent des sortes d'empreintes digitales biologiques : particulières, distinctives et uniques. Cependant, contrairement aux empreintes digitales, les allergies peuvent se modifier avec le temps.

Le docteur Randolph, un célèbre médecin de Chicago, universellement reconnu comme le fondateur de la science moderne des allergies alimentaires, a découvert que nous pouvions acquérir ou perdre certaines allergies selon la fréquence avec laquelle nous sommes exposés à des aliments précis. Il explique qu'autrefois la nature régulait ce que nous mangions, car notre alimentation suivait les saisons. En effet, dans le passé, nous mangions ce que nous trouvions dans la nature, et, comme la variété des fruits et des légumes changeait au fil des saisons, il y avait une rotation régulière et automatique de notre régime, de sorte qu'il était impossible d'abuser d'une certaine catégorie d'aliments.

Les techniques modernes de distribution et de production industrielle des aliments nous permettent maintenant de disposer de la plupart des produits toute l'année. Cela signifie que nous avons désormais tout le temps de nous accoutumer aux différents aliments, et d'en abuser. Dans ces conditions, il n'est pas étonnant que l'on détecte de plus en plus d'allergies alimentaires, et qu'un nombre croissant de personnes en ressentent les effets.

Ce problème s'applique-t-il à tout le monde? Absolument. Vous pouvez être certain que vous souffrez vous-même de plusieurs allergies alimentaires que vous ne soupçonnez même pas. Sur plus de trois mille patients qui m'ont consulté, je n'en ai jamais trouvé *un seul* dont les examens sanguins ne révélaient pas une réaction particulière à l'égard d'au moins un aliment auquel il ne se savait pas allergique. Le docteur Randolph estime que pour chaque allergie alimentaire que nous connaissons, nous souffrons de deux autres allergies ignorées.

DÉTECTER LES ALIMENTS DANGEREUX POUR VOUS

Manifestement, il est indispensable de vous soumettre à des examens précis de détection de vos allergies alimentaires. La plupart des allergologues traditionnels utilisent *le test des égratignures* : ils font une série d'égratignures sur le dos des patients; ensuite, différents échantillons d'aliments sont appliqués sur la peau et ils mesurent les réactions. Malheureusement, ce test est très long et ne révèle pas toujours les allergies cachées. Très souvent en effet, une réaction en masque une autre, ou le test ne dévoile pas une grave allergie à un certain aliment.

On peut également utiliser *le test sublingual*, lors duquel des extraits concentrés de produits alimentaires sont placés sous la langue. Ils y sont absorbés rapidement, et on observe le patient pour détecter les signes d'une réaction allergique éventuelle. Mon expérience m'a prouvé que ce type d'examen est également très long, et même s'il révèle certains symptômes spécifiques, il n'indique pas non plus dans tous les cas l'ensemble des allergies cachées.

Le test cytotoxique est un outil efficace pour percevoir les allergies des patients. Ce test peut être effectué rapidement en laboratoire en utilisant un échantillon de sang. On expose une goutte de sang à différents extraits d'aliments. L'observation des globules blancs du patient et de leur comportement en présence des différents aliments permet de tester rapidement et avec efficacité le potentiel toxique de centaines de produits. Ce test m'a donné d'excellents résultats sur des milliers de patients.

Mais le test qui reste de loin le meilleur et le plus fiable est *le test de l'isolement*. Dans ce cas, le patient est placé dans un univers hospitalier où tous les paramètres — l'air, l'eau, la nourriture, les médicaments — peuvent être contrôlés afin de ne donner lieu à aucune réaction allergique. Ainsi, le patient est au départ dans un milieu « propre ». Ensuite, des aliments particuliers sont introduits un à un dans son régime, et le médecin observe ses réactions. L'environnement du patient est si bien contrôlé que ce test reste le meilleur et le plus précis pour déceler les allergies. Malheureusement, sa complexité technique le rend très coûteux et très long. Le test de l'isolement est donc réservé aux personnes souffrant d'allergies très graves.

Le principe de l'élimination et de la réintroduction des aliments dans le régime est le moyen le plus précis et le plus efficace d'identification des allergies; c'est pourquoi je l'ai simplifié pour l'adapter au régime Berger. Voici donc pour la première fois un programme destiné à ceux d'entre nous qui souhaitent identifier leurs allergies alimentaires, mais qui ne peuvent pas se permettre de passer deux mois à l'hôpital pour le faire. Le programme que je vous expose dans le chapitre suivant est une version pratique du test de l'isolement. Il vous permet de mettre vous-même en pratique de manière sûre ces principes destinés à mesurer vos allergies alimentaires.

LES ALLERGIES ALIMENTAIRES ET VOTRE SANTÉ

Je vous ai expliqué que chacune de vos cellules de défense qui s'autodétruit en raison d'une allergie alimentaire représente un soldat de moins pour protéger votre santé.

Les aliments que vous avez savourés au déjeuner peuvent en avoir endommagé ou tué des dizaines, voire même des centaines de milliers en milieu d'après-midi, de sorte que votre système de défense devient moins vigilant, réagit plus lentement, et attaque les envahisseurs avec une agressivité moindre. Naturellement, vous disposez de réserves considérables de ces précieux soldats. Il est évident qu'*un seul repas* ne peut pas endommager votre système au point de vous rendre immédiatement vulnérable à la grippe, par exemple. Très souvent, les effets des allergies cachées n'apparaissent pas tout de suite, mais progressent en vous de manière insidieuse.

Les allergies agissent avec subtilité, sapant votre force et votre énergie. Les personnes affaiblies par une telle intolérance alimentaire deviennent de plus en plus apathiques, perdent leur vitalité, leur énergie et leurs impulsions sexuelles; par ailleurs, leur processus de vieillissement s'accélère, ce qui cause l'apparition prématurée de rides et de troubles de la peau.

Les allergies cachées sont également associées à un grand nombre de symptômes physiques. J'ai traité des patients qui souffraient d'arthrite chronique, de fatigue générale, de maux de tête, d'ulcères, de troubles de la peau ou du système nerveux. Les intolérances alimentaires peuvent également provoquer des palpitations cardiaques, des nausées, des vomissements, des crises d'asthme, des vertiges, des infections des oreilles ou de la gorge, des déséquilibres glandulaires, des douleurs musculaires, des éruptions cutanées, le gonflement des mains et des pieds, et des crampes d'estomac.

LES SYMPTÔMES FRÉQUENTS DES ALLERGIES ALIMENTAIRES

Tête et appareil respiratoire supérieur

Maux de tête, vertiges, faiblesse, éternuements, blocage des voies nasales et des sinus, larmes dans les yeux, douleurs dans les oreilles, troubles de l'audition, bourdonnements ou sifflements dans les oreilles, maux de gorge, infections chroniques des oreilles, des yeux ou de la gorge, saignements des gencives, irritation des yeux et des oreilles, ulcères.

Poitrine et estomac

Difficultés respiratoires, asthme, congestion pulmonaire ou présence de fluide dans les poumons, toux persistante, irritation de la gorge, palpitations, tachycardie, nausées, vomissements, crampes, flatulences, diarrhée, constipation, lourdeur d'estomac très longtemps après les repas.

Symptômes psychologiques

Idées confuses, léthargie, fatigue, agressivité, irritabilité, hyperactivité, angoisses, dépression, crises de larmes fréquentes, difficultés de concentration, troubles du sommeil, somnolences soudaines après les repas.

Problèmes de la peau

Apparition de plaques rouges, de boutons, dermatite, eczéma, urticaire, démangeaisons.

Membres

Faiblesses des membres, muscles douloureux, maux et douleurs musculaires divers, douleurs articulatoires, gonflement (œdème) des pieds, des chevilles et des mains.

Symptômes divers

Fatigue chronique, besoin subit d'uriner, appétit excessif, variations de poids rapides ou importantes.

LES ALLERGIES CÉRÉBRALES : LE TUMULTE DES ÉMOTIONS

Les réactions allergiques peuvent également être très graves si elles affectent le cerveau. Il s'agit des *allergies cérébrales*, qui peuvent entraîner des conséquences très importantes sur votre santé affective. J'ai vu chez mes patients les allergies alimentaires provoquer toutes sortes de symptômes psychologiques : la léthargie, les angoisses, la perte de l'appétit ou de l'énergie sexuelle, les insomnies, la dépression aiguë et l'hyperactivité.

Les allergies graves peuvent entraîner des crises de larmes, un comportement très agressif, des troubles de la parole, ou une irritabilité générale. J'aimerais savoir combien de personnes dans le monde sont considérées comme névropathes ou psychopathes simplement parce que leur médecin n'a pas su diagnostiquer les subtiles allergies alimentaires qui sont à l'origine de ces perturbations de la personnalité.

C'est cette raison qui a amené Catherine dans mon bureau. Catherine n'avait que vingt-trois ans lorsqu'elle vint s'installer à New York en compagnie de son mari, Eric. Au début, tout avait été merveilleux. Ils aimaient tous les deux leur nouvel emploi — lui en tant que directeur d'un hôpital, elle au sein de la gestion d'un grand magasin. Leur première année avait été vécue dans un tourbillon : l'installation dans leur nouvel appartement, l'adaptation à leur nouveau métier et la connaissance de nouveaux amis. Leur existence était bien remplie, très chargée même, mais heureuse.

Environ un an plus tard, Catherine remarqua certains petits changements. Au début, elle se sentait simplement plus fatiguée et nerveuse qu'à l'habitude, elle qui était d'une nature si gaie. Les sorties en compagnie de ses amis se transformèrent progressivement en corvées. Elle avait également du mal à se concentrer : son attention était instable, et la qualité de son travail s'en ressentait.

Le couple décida alors qu'il était temps de prendre des vacances, et ils partirent aux Antilles pour deux semaines. Mais là-bas, les choses empirèrent au lieu de s'arranger.

— Il me semblait que je passais mon temps à harceler Eric pour les détails les plus insignifiants. S'il avait égaré nos tickets d'autobus, j'explosais de colère. S'il voulait prendre une photo, je faisais la grimace. J'ai passé tout ce voyage à m'énerver sans cesse, furieuse contre Eric et contre moi-même. Je me détestais pour ce comportement insupportable que je lui imposais, et je savais que je n'étais pas d'une compagnie agréable, mais je ne pouvais pas réagir et me reprendre.

Après leur retour à New York, la situation s'aggrava encore. Catherine commença à avoir des crises de larmes incontrôlées au milieu de ses journées de travail. Elle sombra dans la dépression; elle n'avait plus aucune énergie, plus le moindre entrain, plus la moindre envie de s'amuser.

Entre-temps, Eric était satisfait de son travail, il avait eu une promotion. En revanche, les sautes d'humeur de Catherine se répercutaient sur son travail, et elle voyait ses collègues recevoir des promotions auxquelles elle estimait également avoir droit. Après quatre mois, elle ne pouvait plus continuer.

— J'avais l'impression que tout ce que j'avais obtenu grâce à mes efforts — c'est-à-dire ma vie conjugale et ma vie professionnelle — se désintégrait peu à peu. Je me sentais étouffée par New York.

Son médecin décida alors d'envoyer Catherine chez moi afin que je lui fasse subir des tests allergologiques. Il semblait bien en effet qu'elle souffrait de diverses allergies alimentaires. Sa peau claire et ses cheveux très blonds indiquaient qu'elle pouvait être sujette à ce genre de problèmes. Mais surtout, elle manifestait les symptômes psychologiques généralement associés aux allergies alimentaires. Les résultats de ses tests confirmèrent cette impression : elle avait eu une réaction très importante aux dérivés du blé, au lait, au maïs, aux betteraves, au céleri, à la salade, aux agrumes, aux légumes verts, au bœuf et aux fruits de mer, et elle souffrait également d'allergies moins prononcées à l'égard de nombreux autres aliments.

Catherine suivit alors un régime spécialement adapté à ses besoins, qui éliminait tous les aliments toxiques pour elle afin de reconstruire son système de défense. En deux mois, les symptômes psychologiques avaient complètement disparu. Elle était de nouveau pleine d'énergie et heureuse. Mais le plus heureux était son mari, Eric, qui l'accompagna lors de sa dernière visite.

— Je commençais à me demander si je retrouverais un jour la femme merveilleuse et enjouée que j'avais épousée, me dit-il. Merci de me l'avoir rendue.

J'ai vu des centaines de patients comme Catherine, dont les symptômes psychologiques disparaissent dès qu'ils identifient les aliments auxquels ils sont allergiques et les éliminent de leur régime. Tous mes patients me disent : « J'avais oublié à quel point il est merveilleux de passer une bonne nuit de sommeil », ou encore : « Il y avait des années que je ne m'étais pas vraiment détendu et que je n'avais pas ri de tout mon cœur. »

LA LUTTE CONTRE LES KILOS :
LES CONSÉQUENCES DES ALLERGIES

Les allergies alimentaires ont une conséquence particulièrement grave : elles vous poussent à manger, et vous donnent des fringales. Dans ce cas, vous mangez bien au-delà de votre niveau normal de satiété. Au lieu d'une assiette de spaghettis, les personnes souffrant de fringales en avalent un plat entier. Au lieu d'une part de glace, elles en prennent un demi-litre. Il n'est pas rare que ces personnes se sentent poussées à faire de véritables festins plusieurs fois par semaine pour répondre à leurs terribles fringales.

Cette habitude tragique a des racines à la fois physiques et psychologiques. En effet, le plus souvent, *les fringales vous poussent précisément vers les aliments auxquels vous êtes allergiques*. Dans ces conditions, il n'est pas surprenant que les aliments qui provoquent le plus grand nombre d'allergies — les produits laitiers, le blé et le maïs — se retrouvent dans ceux vers lesquels les personnes souffrant de fringales sont très souvent attirées : la glace, la pizza et les biscuits.

Même s'il semble paradoxal que nous ayons envie de manger les produits qui font le plus de mal à notre système de défense, les recherches indiquent que lorsque les personnes victimes de fringales font un festin, elle sécrètent des hormones particulières appelées *bêta-endorphines*.

Les bêta-endorphines sont de minuscules protéines qui entraînent des modifications dans la composition des substances chimiques présentes dans le cerveau. On pense qu'elles contribuent à la régulation d'un grand nombre de fonctions, notamment le soulagement de la douleur, le désir sexuel, la température du corps et l'appétit, ainsi que des activités psychologiques comme la mémoire et la dépression. Nous produisons également une grande quantité de bêta-endorphines lors de la pratique intense de l'exercice, et les chercheurs estiment que ce sont ces hormones qui sont à l'origine du sentiment de bien-être et d'euphorie que de nombreux athlètes éprouvent. De même, les personnes qui, sous l'impulsion d'une fringale, font un festin, se « dopent » littéralement.

En fait, c'est exactement ainsi qu'André, un autre patient, m'exposa la situation. Il m'expliqua qu'au début, ses amis le taquinaient en lui disant qu'il « se droguait » en mangeant constamment des sucreries et des pâtisseries, et qu'il avait peu à peu compris qu'il n'y avait pas matière à plaisanter. André avait toujours eu une carrure robuste, ayant fait beaucoup de sport à l'université; cependant, il vit progressivement son poids augmenter de cinq, dix puis quinze kilos. Pendant son heure de déjeuner, il s'échappait et faisait le tour de toutes les pâtisseries de son quartier, achetant des gâteaux qu'il engloutissait l'un après l'autre.

— Cela me donnait un sentiment de satisfaction intense, la même satisfaction que j'éprouvais après une séance d'entraînement au football. J'attendais impatiemment chacune de ces sorties, et c'était vraiment devenu une drogue pour moi.

Ce n'est qu'en se lançant dans le régime Berger qu'André comprit à quel point cette drogue avait été destructrice. Après deux mois, il avait perdu douze kilos, et son objectif était de maigrir encore de sept kilos. Son énergie et sa joie de vivre ont également décuplé tandis que son poids diminuait. Mais surtout, son comportement s'est totalement modifié.

— Maintenant, la seule idée de sortir pour manger des sucreries et des gâteaux me semble absurde, presque risible. Je ne comprends pas pourquoi j'en étais arrivé à ce point. Quand je pense à tout ce que je mangeais, je suis écœuré!

Ce syndrome de la fringale n'a pas seulement des raisons physiologiques. Le docteur Leslie Jane Maynard, psychologue réputée, a montré qu'il existe également une explication psychologique. Les recherches du docteur Maynard auprès de centaines de patients indiquent que les fringales apparaissent souvent lorsque ces personnes ont du mal à faire face aux problèmes de leur existence. Quand le stress atteint un niveau trop élevé, la fringale représente une valve de sécurité qui leur permet d'oublier momentanément leurs angoisses. Elle a également constaté que ces patients sombrent dans une sorte de « narcose » à la suite de leurs festins. Il s'agit d'un état proche de la transe, similaire à celui que provoquent souvent les narcotiques.

Manifestement, plus votre santé psychologique est mauvaise — en raison de la dépression, de la léthargie et des troubles divers qu'entraînent les allergies alimentaires —, plus vous éprouvez des fringales. A l'inverse, si vous vous sentez bien dans votre peau et dans votre vie, vous n'avez pas le même besoin de recourir à la nourriture et de nuire ainsi à votre santé.

Sur le plan physique comme sur le plan psychologique, les fringales créent un cercle vicieux semblable à celui de la drogue, un complot physique et psychologique dû à un déséquilibre du système de défense.

J'ai voulu dans ce chapitre vous donner une idée de la variété des problèmes que peuvent créer les allergies alimentaires. Il est probable que certains de ces problèmes vous touchent vous-même, ou touchent vos amis ou votre famille, et que vous n'aviez jamais soupçonné qu'ils étaient liés à votre alimentation. La suite de cet ouvrage tentera de remédier à ces déséquilibres de votre système immunitaire.

De toute évidence, si vous voulez espérer retrouver une excellente santé, votre première démarche doit être d'éliminer de votre régime ces aliments toxiques qui causent tant de dommages. C'est le but de la première partie de ce régime en trois étapes.

Vous trouverez dans la seconde partie de ce livre un programme détaillé et progressif qui vous permettra d'identifier les aliments qui constituent le talon d'Achille de votre système de défense. Je vous donnerai ensuite un régime très précis qui vous aidera à écarter ces produits de votre alimentation, à mettre fin au problème des fringales, et à arrêter les dégâts considérables que ces aliments ont provoqués dans votre système de défense.

La troisième partie vous permettra d'évaluer l'état de votre système de défense et de le reconstruire grâce à un programme individuel de vitamines, de minéraux et d'amino-acides qui s'ajouteront à votre alimentation. Vous serez alors prêt à établir votre programme alimentaire définitif, en mettant l'accent sur les produits qui aident votre système de défense, et en y apportant les suppléments nécessaires au fonctionnement optimal de ce mécanisme naturel.

7

Votre laboratoire vivant

Maintenant que vous savez quels dommages les allergies alimentaires peuvent provoquer dans votre système de défense, il est temps de mettre ces connaissances en pratique.

Dans ce chapitre, je vous apprendrai ici à identifier les aliments qui sont dangereux pour votre santé. Pour retrouver cette santé et la vitalité, il faut avant tout ÉLIMINER ces produits de votre régime.

Malheureusement, ce n'est pas chose facile. Vous ne trouverez pas les réponses à vos problèmes personnels dans un livre ou un tableau. Les tests effectués en laboratoire sur les souris ne peuvent pas déceler vos réactions personnelles à l'égard des aliments. Le seul qui détienne les réponses à votre sujet, c'est vous. Cela signifie que vous devez utiliser votre propre corps comme un laboratoire vivant et procéder à des tests systématiques qui vous dévoileront vos réactions personnelles aux différents aliments.

Je vous montrerai d'abord comment éliminer les aliments susceptibles de nuire à votre système de défense. Ensuite, vous devrez apprendre à réintroduire dans votre organisme certains aliments afin de déterminer lesquels sont nocifs pour vous.

PREMIÈRE PHASE : L'ÉLIMINATION

Cette phase a pour but d'éliminer les aliments qui sont les causes les plus fréquentes de déséquilibres. Nous allons utiliser un principe fondamental de la science moderne, selon lequel pour voir les effets d'un produit il est nécessaire de l'isoler.

La plupart d'entre nous souffrent de plusieurs allergies alimentaires plus ou moins graves, qui se recoupent souvent. Il arrive en effet qu'une allergie masque les effets d'une autre. Parfois, c'est l'inverse qui se produit, et deux allergies se combinent pour créer des symptômes nettement plus graves que ceux que pourrait provoquer chacune de ces allergies individuellement. Tenter de percer le secret de ces allergies multiples sans isoler chacune d'entre elles reviendrait à essayer de sentir une brise légère au milieu d'un cyclone. Pour percevoir la direction dans laquelle souffle la brise, il faut préalablement calmer le cyclone.

La première phase permet de calmer ces turbulences en éliminant les aliments qui sont les sources les plus probables des perturbations de votre système de défense. Le régime Berger a été conçu pour aider votre corps à s'éloigner des produits qui lui sont nuisibles. Le régime d'élimination en vingt et un jours, que vous trouverez dans la deuxième partie de cet ouvrage, permettra à ces réactions multiples à des allergies différentes de se calmer, afin que votre système de défense retrouve une certaine sérénité.

Mes patients me demandent souvent comment un régime peut éviter tous les aliments qui sont toxiques pour un individu. Naturellement, c'est là une chose impossible, du moins impossible à assurer à cent pour cent. Cependant, les recherches ont prouvé à maintes reprises qu'en écartant de l'alimentation un groupe de sept produits parmi les plus toxiques, on peut remédier à la plupart des allergies. Je les retrouve si souvent chez mes patients que je les appelle maintenant les Sept Démons de l'Alimentation.

Les Sept Démons de l'Alimentation

Ces sept aliments sont ceux qui provoquent la grande majorité des allergies chez mes patients. Ils représentent à eux tous environ 85 pour cent des allergies que j'ai relevées chez des milliers de personnes. Mais surtout, ces sept démons sont très fréquemment liés aux problèmes de fringale et d'obésité. Les voici cités par ordre d'importance :

- Les produits dérivés du lait de vache
- Le blé
- La levure sous toutes ses formes
- Les œufs
- Le maïs
- Les produits dérivés du soja
- Le sucre de canne

Ces aliments sont les ennemis les plus répandus, mais ce ne sont pas les seuls produits dangereux. Tous les aliments peuvent faire l'objet d'une allergie, selon la constitution biochimique individuelle de la personne concernée. Certains aliments ou groupes d'aliments précis semblent même liés à des symptômes particuliers.

Les symptômes provoqués par certains aliments

- Les aliments comme le café, le cacao et le chocolat, qui contiennent tous de la caféine, provoquent souvent des maux de tête.
- Les aliments tels que les tomates, les aubergines, les poivrons, les oignons blancs, les pommes de terre, le paprika, les courgettes et les courges semblent liés à différents symptômes d'arthrite et de douleurs articulaires.
- Les produits laitiers comme le lait, la crème, le beurre, le yaourt et les fromages de toutes sortes entraînent des réactions particulièrement violentes comme l'asthme et un certain nombre de symptômes gastro-intestinaux comme les crampes, les flatulences, les enflements, la diarrhée et la constipation.
- Les agrumes — oranges, citrons, pamplemousses, mandarines, etc. — sont liés à une grande variété de symptômes allergiques communs tels que l'urticaire, les éternuements et les maux de tête.

Vous ne trouverez nulle part ailleurs la description de ce lien entre des réactions à certains aliments précis et la santé de votre système de défense. Il faudra peut-être attendre des années pour disposer de documents précis sur ce sujet. Cependant, mes découvertes, fondées sur l'observation précise et le traitement de mes patients, peuvent vous aider dès aujourd'hui grâce au régime que j'ai mis au point.

Non seulement ce régime écarte de votre alimentation les Sept Démons dont j'ai déjà parlé ainsi que d'autres produits toxiques, mais il élimine également toutes sortes d'additifs, de conservateurs et autres produits chimiques souvent présents dans notre alimentation. On utilise maintenant des milliers de ces additifs, et notamment le glutamate de sodium, les ascorbates, le sulfite de sodium et le benzoate de sodium. Non seulement un grand nombre de ces substances chimiques entraînent des effets toxiques sur notre système de défense, mais elles amplifient également les réactions causées par d'autres aliments. Il en résulte une attaque plus redoutable encore contre nos cellules de défense.

Le début de la désintoxication

Vous trouverez dans la deuxième partie un régime détaillé au jour le jour. Il s'agit d'un programme très clair : trois repas par jour, ainsi que des en-cas, pour vingt et un jours, selon un cycle de rotation de quatre jours. J'ai appris par expérience que vingt et un jours suffisent pour éliminer les toxines alimentaires de manière efficace, et jeter les fondations d'un système de défense puissant.

De nombreux patients préfèrent poursuivre ce régime plus longtemps parce que c'est lors de cette première étape qu'ils perdent le plus de poids. J'ai souvent vu des patients, ravis et surpris d'avoir perdu sept kilos en trois semaines, décider de continuer ce même programme, et chacun d'entre eux a ainsi réussi à perdre davantage de poids encore. Si vous avez vraiment beaucoup de kilos excédentaires, je vous encourage à conserver ce premier régime au-delà des vingt et un jours conseillés.

Si vous souhaitez poursuivre cette phase intensive du régime pendant plus de vingt et un jours, il suffit de recommencer au premier jour lorsque le cycle est achevé. Vous pouvez continuer pendant quatre, cinq, six semaines ou davantage. (Beaucoup de patients poursuivent ce régime pendant plusieurs mois.) Je vous conseille cependant de consulter votre médecin si vous désirez conserver ce régime pendant plus de vingt et un jours.

Le régime Berger comporte une règle impérative : *vous devez terminer tout cycle de quatre jours que vous commencez.* C'est extrêmement important. Ne vous arrêtez pas au milieu d'un cycle de quatre jours, car cela bouleverserait l'équilibre nutritif qui rend ce régime si efficace. Je vous conseille également des aliments de remplacement pour ceux auxquels vous êtes allergique. Suivez le régime le plus précisément possible. Plus vous adhérez scrupuleusement à son programme équilibré, plus les effets seront rapides.

Le manque : un signe d'efficacité

Je vous avoue franchement que la première semaine est la période la plus exigeante de l'ensemble du régime Berger. La plupart des gens ressentent différents symptômes de manque au cours des premiers jours, tandis que leur organisme se débarrasse des toxines qu'il a accumulées. Les biologistes appellent ce processus la *désintoxication*.

Voici une description de ce qui se produit. Au début, votre système de défense ne s'aperçoit pas de l'absence des toxines contre lesquelles il est habitué à lutter, et il manifeste une réaction violente. Les symptômes que vous éprouvez indiquent que votre organisme s'était vraiment accoutumé à utiliser son système de défense contre les aliments que vous mangiez. Les médecins connaissent ce phénomène depuis longtemps en ce qui concerne les toxines comme le tabac, l'alcool, l'héroïne et d'autres drogues à accoutumance, mais nous n'avons compris que récemment que ce même effet de manque s'applique également à la nourriture.

Lorsque j'ai exposé mon régime à Linda, elle m'a expliqué qu'elle « ne croyait pas » à l'effet de manque. Elle était venue me consulter car elle souffrait de maux de tête de plus en plus fréquents et douloureux. Ni son médecin de famille, ni le neurologue qu'elle avait consulté n'avaient décelé quoi que ce soit d'anormal, et elle avait décidé de venir me voir pour passer un test d'allergologie.

Ses examens indiquaient une réaction très forte aux agrumes et à certaines épices; je lui avais donc prescrit un régime qui éliminait ces aliments. Deux jours plus tard, je reçus un appel téléphonique urgent :

— Mes maux de tête sont revenus, pires qu'auparavant. En plus, j'ai des vertiges et je me sens faible. Hier soir, je transpirais, et j'étais très nerveuse. J'ai eu beaucoup de mal à m'endormir. Que se passe-t-il ?

Je ne fus pas surpris. Très souvent, plus l'allergie est importante, plus la réaction du système de défense est intense lorsque l'aliment coupable disparaît. Je le lui expliquai, lui donnai quelques conseils pour remédier à ses maux de tête, et je l'encourageai à persévérer.

— Très bien, docteur, j'accepte de continuer encore deux jours, mais si les choses ne vont pas mieux dans deux jours...

Elle ne termina pas sa phrase.

Je ne reçus pas de nouvel appel téléphonique deux jours plus tard, ni quatre jours plus tard. Finalement, deux semaines s'écoulèrent avant qu'elle ne réapparaisse dans mon bureau.

— Vous savez, ces maux de tête avaient disparu dans la journée. Je n'en ai plus souffert depuis, et c'est la première fois depuis des années que cela m'arrive!

Elle m'expliqua qu'elle avait l'impression d'être devenue une femme nouvelle, pleine d'énergie, et qu'elle dormait très bien maintenant.

— Et le mieux, conclut-elle, c'est que j'ai perdu six kilos!

Tout le monde ne ressent pas des symptômes de manque aussi aigus que ceux de Linda. Pour ceux à qui cela arrive, ils peuvent se manifester par des maux de tête, une fatigue et une léthargie profondes, des maux d'estomac, des douleurs musculaires et articulaires, des crises d'acné et des éruptions cutanées. Les réactions psychologiques sont également fréquentes : vous risquez d'être irritable, tendu, nerveux, de connaître des sautes d'humeur très brusques, et d'avoir du mal à dormir.

Eh bien, croyez-le si vous voulez, mais ces symptômes désagréables sont le signe de bonnes nouvelles à deux points de vue. Tout d'abord, *ils indiquent que le régime d'élimination est efficace* et que votre système de défense répare activement les dommages que lui ont causés les toxines alimentaires. Dans de nombreux cas, plus les symptômes sont importants au cours de cette période, plus on retire de bénéfices du régime par la suite. Rappelez-vous toujours que chacun de ces symptômes *prouve* à quel point votre organisme avait besoin d'un réglage, et combien le régime Berger vous apportera avec le temps.

Quant à l'autre bonne nouvelle, elle est toute simple : cette période de désagrément sera très brève! Les symptômes de manque disparaissent généralement dès la fin de la première semaine, ou après dix jours tout au plus.

Un conseil pour les symptômes de manque

Si vous souffrez de symptômes de manque particulièrement désagréables pendant la première semaine de votre régime, voici un conseil qui a aidé un grand nombre de mes patients. Prenez une tablette de 1 000 milligrammes de vitamine C toutes les trois heures; vous pouvez aller jusqu'à six tablettes par jour. *Il est indispensable de boire beaucoup d'eau si vous prenez de telles doses de vitamine C.* En cas de troubles gastriques ou de diarrhée, réduisez la dose de moitié.

Après la période de manque, vous commencerez à tirer les bénéfices de votre régime. Vous ressentirez pour la première fois le bien-être que procure un système de défense bien réglé. C'est à ce moment que la plupart de mes patients voient les symptômes dont ils souffraient disparaître rapidement. Vous pouvez vous attendre à des améliorations dans bien des domaines. Les maux de tête et les douleurs gastriques s'effacent, les gonflements et les œdèmes se résorbent également, et tous les petits problèmes et les douleurs musculaires et articulaires dont vous souffriez peut-être cessent de vous importuner. La plupart des gens s'aperçoivent alors que leur sommeil est bien meilleur, et qu'ils se réveillent en pleine forme chaque matin. Les angoisses et la dépression s'éloignent, ainsi que les brusques sautes d'humeur inexplicables. Vous pouvez vous attendre à vous sentir mieux dans votre peau, et à déborder d'énergie et de vitalité. Votre résistance et votre endurance s'amélioreront sans doute aussi. Autrement dit, vous commencerez à profiter pleinement des bénéfices d'un système de défense robuste et sain.

DEUXIÈME PHASE : LA RÉINTRODUCTION DES ALIMENTS

Vous êtes maintenant prêt pour la deuxième phase du régime Berger, appelée phase de réintroduction. C'est en effet à ce moment que vous réintroduisez des aliments spécifiques dans votre régime pour voir s'ils provoquent en vous des réactions allergiques. Vous serez alors nettement plus sensible aux signaux que vous envoie votre organisme, et il est indispensable d'écouter attentivement ces signaux au cours de cette phase du régime.

La plupart d'entre nous n'ont pas l'habitude d'écouter de près les renseignements que notre corps nous transmet constamment. Un élancement ici, une douleur là, une légère fatigue ou une sensibilité anormale dans une articulation, un grondement dans notre estomac, une légère fièvre... nous recevons des centaines d'informations de ce genre chaque jour. Malheureusement, nous n'y prêtons généralement pas attention jusqu'à ce qu'elles deviennent si fortes — un lumbago, par exemple, ou une fièvre très élevée — que nous ne pouvons plus les ignorer.

Écoutez votre corps

Essayez cet exercice. Détendez-vous tranquillement, et écoutez ce que votre corps vous dit au moment présent. Vous êtes sans doute assis dans un fauteuil pour lire cette page. Que ressent votre dos ? Une petite douleur musculaire ? Votre nuque est-elle décontractée ou tendue ? Vos yeux sont-ils légèrement douloureux ? Votre estomac est-il lourd ou léger ?

Vous devez vous transformer en observateur attentif des signaux que vous envoie votre organisme, au moment où vous le *défiez* en réintroduisant, un à un, les Sept Démons de l'Alimentation dans votre régime. Ces symptômes peuvent prendre des formes aussi variées que les symptômes d'allergie que j'ai décrits précédemment; c'est d'ailleurs normal, puisque ce sont les mêmes.

Cependant, quelle que soit leur manifestation, vous saurez les reconnaître. Vous devez supposer que tous les petits maux que vous ressentirez lors de cette période sont dus aux aliments dangereux que vous avez mangés, en particulier si vous n'avez pas ressenti ces mêmes symptômes lors du régime de vingt et un jours qui a précédé.

Voici la marche à suivre au cours de cette phase du régime : *tous les deux jours,* consommez l'aliment parmi les Sept Démons qui est prévu pour ce jour précis. Prenez-en trois fois dans la journée. Vous pouvez utiliser les recettes et les conseils de préparation que je vous propose dans la deuxième partie de cet ouvrage, selon vos goûts. L'essentiel est de manger cet aliment précis *trois fois* dans la journée. Cette quantité sera suffisante pour déclencher les éventuelles réactions allergiques que vous pouvez avoir. Prenez cet aliment pendant une journée, observez votre organisme le lendemain, puis passez à un autre aliment figurant dans la liste des Sept Démons.

Continuez de la même manière, en introduisant un nouvel

aliment dans votre régime toutes les quarante-huit heures, et en observant vos réactions, jusqu'à ce que vous ayez réintroduit tous les aliments dangereux dans votre nourriture quotidienne. A la fin de cette période de deux semaines, vous serez capable de déterminer les aliments auxquels vous êtes particulièrement sensible. Vous ferez une liste de ces produits qui provoquent en vous une réaction très forte, vous noterez également ceux qui n'entraînent qu'une réaction légère, et ceux qui sont inoffensifs.

Votre programme personnel
de réintroduction et vos remarques

Jour	Aliment	Symptômes
1	Maïs	
2	----	
3	Dérivés du soja	
4	----	
5	Sucre de canne	
6	----	
7	Œufs	
8	----	
9	Levures	
10	----	
11	Lait de vache	
12	----	
13	Blé	
14	----	

Vous pouvez maintenant établir votre régime alimentaire de manière à éviter les produits qui sont dangereux pour vous. Il est évident que si vous constatez l'apparition d'un problème précis lorsque vous consommez un certain aliment, vous devez l'éviter, même si vous n'en mangez pas fréquemment.

Selon le degré d'amélioration de votre santé globale, vous pouvez choisir d'isoler d'autres aliments dangereux, moins courants mais qui sont chez vous responsables de certains symptômes. Vous disposez maintenant des armes nécessaires pour le faire. L'efficacité de votre système de défense est désormais rétablie, et vous pouvez appliquer ce principe de l'élimination d'un aliment, suivie par sa réintroduction dans votre régime, chaque fois que vous souhaiterez tester les réactions de votre système de défense à l'égard de certains aliments.

TROISIÈME PHASE : L'ENTRETIEN

Cette phase vous permettra d'entretenir la bonne santé de votre système de défense. En soulageant vos cellules de la fatigue que leur occasionnaient les aliments toxiques lors des deux premières phases de ce régime, vous avez permis à votre système de fonctionner à sa puissance maximale. L'objectif de la dernière phase, celle de l'entretien, est de vous maintenir dans cet état de bonne santé en reprenant de bonnes habitudes alimentaires.

Pour cela, il faut faire preuve de souplesse et de bon sens. Après tout, aucun régime n'est efficace si vous ne savez pas le respecter. S'il est trop restrictif pour que vous puissiez le suivre régulièrement, vous ne pourrez jamais entretenir les progrès que vous avez fait faire à votre santé.

Entretien et modération :
le programme de quatre jours

La phase d'entretien de ce régime est efficace en raison précisément de sa souplesse. Il n'y a pas ici de règles absolues : il s'agit plutôt d'une philosophie générale de la manière dont vous devez vous nourrir. Cette philosophie est en accord avec celle que les Grecs avaient énoncée il y a des millénaires, et dont le principe essentiel était la modération.

Trois mille ans plus tard, cette règle fonctionne toujours. Pour de nombreux cas d'allergie, vous pouvez recommencer à consommer les aliments qui sont toxiques pour vous, mais *à condition de le faire avec modération.* (Si vous souffrez d'une allergie grave, mieux vaut cependant éviter l'aliment qui la provoque.) Supposons que vous vous soyez découvert différentes allergies, ou que certains des aliments auxquels vous êtes allergique soient précisément ceux que vous appréciez le plus, et dont vous auriez du mal à vous passer. Cela signifie-t-il que vous devrez vivre comme un moine cloîtré, en vous refusant totalement des plats que vous aimiez vraiment? Est-ce là le terrible prix qu'il faut payer pour être en bonne santé?

Absolument pas! Il y a plus de cinquante ans, des pionniers de l'allergologie avaient découvert qu'en ne consommant des aliments toxiques qu'une fois tous les quatre jours, vous pouviez éviter les réactions négatives que votre organisme manifesterait si vous consommiez ces aliments plus souvent, car votre corps peut ainsi prendre le temps d'absorber progressivement ces produits. Cette période de quatre jours est généralement reconnue par tous les allergologues, et des expériences cliniques ont permis de confirmer ce principe dans le monde entier.

L'utilisation de ce programme de quatre jours vous permet de contrôler parfaitement vos intolérances alimentaires car votre système de défense est maintenant beaucoup plus fort qu'il ne l'était lorsque vous avez entamé le régime Berger. En éliminant l'excès d'aliments toxiques dont vous souffriez, vous avez atteint deux objectifs. Tout d'abord, vous avez amoindri l'intensité de votre réaction à ces produits. Par ailleurs, vous avez permis à votre organisme de se refaire une santé. Le fait de briser ce cercle vicieux des allergies vous a rendu plus résistant, et moins sensible à une consommation *modérée* de ces aliments.

Il est vrai que les allergies peuvent être plus ou moins prononcées, les réactions pouvant être si légères que vous les décelez à peine ou au contraire extrêmement violentes. Cela signifie que vos allergies les plus graves peuvent encore provoquer certains symptômes, mais que la plupart des autres disparaîtront, de sorte que vous pourrez consommer les aliments qui les ont créées selon un cycle de quatre jours, et avec modération.

Si vous suivez cette philosophie très simple de la rotation des aliments, vous continuerez à utiliser votre régime pour améliorer votre santé. Vous trouverez au chapitre 9 un exemple de menus du régime d'entretien pour une semaine, et plusieurs recettes délicieuses et particulièrement bien adaptées à ce programme. Cependant, tout cela n'a pour but que de vous montrer les possibilités de ce régime. Si vous souhaitez établir vos propres menus et utiliser vos recettes personnelles, je vous encourage à le faire, à condition que vous respectiez toujours le principe de la rotation et les autres conseils utiles donnés dans la deuxième partie de cet ouvrage.

L'art de servir votre santé

L'aspect le plus important de la philosophie de ce programme d'entretien n'a cependant rien à voir avec la biochimie des allergies alimentaires : il se trouve dans votre tête. Pour que le régime Berger soit vraiment efficace pour vous, vous devez apprendre à aider votre organisme, plutôt qu'à lui nuire.

J'ai constaté que les patients qui manifestent la progression la plus spectaculaire, qui perdent le plus de poids et améliorent le plus leur santé, leur vitalité et leur joie de vivre, ont un point commun : une attitude positive.

Ils ne semblent pas vraiment se préoccuper des aliments qu'ils ne *peuvent pas* manger. Ce n'est pas là que se situe leur objectif. En revanche, ils sont très satisfaits de savoir qu'ils redonnent à leur système de défense tous les aliments dont il a besoin. Ils ne considèrent pas le régime comme un ennemi, mais comme un allié.

L'une de mes patientes, Anna, m'a fourni une excellente explication deux mois après avoir entamé le régime.

— Docteur Berger, tout ce que je savais au début, c'est que vous me demandiez d'apporter de grands changements à mon alimentation quotidienne, et que je n'étais pas convaincue. Mais je vois maintenant que tel n'était pas du tout votre objectif. Il s'agissait en réalité de nettoyer complètement mon existence, du sol au plafond. Pourquoi ne me l'aviez-vous pas dit ?

Depuis cet entretien, je laisse toujours mes patients se poser la bonne question avant de débuter le régime. Ne vous demandez pas si vous voulez apporter des modifications importantes à *votre nourriture*, demandez-vous plutôt si vous souhaitez *vous sentir vraiment mieux dans votre vie*.

Deuxième partie

LE RÉGIME BERGER POUR VOUS REFAIRE UNE SANTÉ ET MINCIR

J'en viens maintenant aux aliments que vous pouvez ou devez consommer, à la manière d'établir vos menus et aux délicieuses recettes qui feront du régime un plaisir.

8

Mangez pour retrouver votre pouvoir de défense

Les pages suivantes vous exposeront le régime simple et facile à suivre qui s'est avéré si efficace pour mes nombreux patients. Vous y trouverez tout ce dont vous avez besoin pour vous refaire une santé. Tout d'abord, un programme clair de vingt et un jours qui vous permettra de désintoxiquer peu à peu votre organisme, puis une phase de réintroduction des aliments en deux semaines, un régime d'entretien pour les hommes et pour les femmes, et une série de recettes testées par mes patients qui vous aideront à rester mince et en bonne santé. Vous pouvez relire le chapitre 7 si vous vous posez la moindre question quant à ce régime. Mais si tout vous paraît clair, voici quelques principes fondamentaux qu'il ne faut pas oublier :

L'ensemble de ce régime s'appuie sur un chiffre magique : le « 4 ». Le principe de la rotation de quatre jours vous permet de ne pas consommer le même aliment plus d'une fois tous les quatre jours, de façon à prévenir les risques d'allergie. Ce principe de base se retrouve dans tous les menus conseillés dans cette partie de l'ouvrage pour les trois phases du régime.

Veillez à prendre trois repas par jour, ainsi que les en-cas recommandés. Si vous évitez un repas, vous serez tout simplement affamé, et vous aurez envie de manger exagérément par la suite. Ce régime est conçu pour satisfaire votre appétit tout autant que vos besoins nutritionnels. Naturellement, si vous avez déjà identifié certaines de vos allergies, vous pouvez procéder à des substitutions en utilisant des aliments qui ne présentent aucun danger pour vous.

En ce qui concerne les fruits recommandés dans les menus, choisissez des fruits de taille moyenne, en fonction des saisons et du choix que vous trouverez dans les magasins.

Les menus sont conçus pour s'inscrire facilement dans votre mode de vie quotidien. Essayez les recettes que je vous donne : elles sont délicieuses. Si vous souhaitez changer de recettes après un certain temps, vous pouvez le faire, mais n'oubliez pas *le cycle des quatre jours.*

Lorsque vous préparerez vos propres menus (après avoir terminé le premier régime en vingt et un jours), essayez d'utiliser au moins quatre aliments de chaque catégorie. Personnellement, j'aime les jus de fruit, et je prends un jus de fruit différent chaque jour pendant quatre jours consécutifs. Il en va de même des autres aliments qui constituent les repas principaux : les fruits de mer, le poisson, la volaille et la viande, ainsi que les infusions et les céréales. Naturellement, vous n'êtes pas obligé de manger de nouveau le même aliment après quatre jours. Si vous souhaitez ne prendre certains produits qu'une fois par semaine, ou une fois toutes les deux semaines, c'est encore mieux. Plus vous apprécierez une grande variété d'aliments, moins vous risquerez de consommer trop souvent un plat précis. N'oubliez pas que *le même aliment ne peut pas revenir dans votre menu plus d'une fois tous les quatre jours.*

Il est évident qu'il vous arrivera parfois de faire un écart. Si la reine d'Angleterre vous invitait à prendre le thé en dégustant des biscuits, vous ne pourriez pas refuser sous prétexte que vous avez mangé des biscuits la veille. Même si vous n'avez aucune chance que la reine d'Angleterre vous appelle, il vous arrivera sans doute de briser cette règle des quatre jours. Si vous sortez souvent, ou si vous voyagez beaucoup, vous trouverez des conseils pour votre cas dans la partie de ce chapitre consacrée aux sorties et aux voyages.

Par conséquent, ne vous inquiétez pas outre mesure s'il vous arrive parfois de dévier de votre programme de quatre jours; le ciel ne vous tombera pas sur la tête. Faites de votre mieux, en gardant présent à l'esprit ce principe de la rotation de quatre jours. Vous améliorerez encore la santé de votre système de défense en éliminant les Sept Démons de l'Alimentation et en alternant autant que possible les produits que vous consommerez.

9

Menus et recettes

LE RÉGIME D'ÉLIMINATION EN 21 JOURS

1ʳᵉ semaine, 1ᵉʳ jour

PETIT DÉJEUNER 1

Nectarine (1) *ou* abricots (2) *ou* brugnon (1)
Orge perlé bouilli (1/2 tasse)
Jus de myrtille (1 tasse)
Substitut de café *ou* infusion

OU

PETIT DÉJEUNER 2

Nectarines (2) *ou* abricots (4) *ou* brugnons (2)
Jus de myrtille (1 tasse)
Substitut de café *ou* infusion

DÉJEUNER

Salade de taboulé (1 tasse 1/4) *ou* potage au bœuf
et à l'orge (2 tasses)
Eau minérale plate ou gazeuse

DÎNER

Filet de merlan ou de lieu grillé (120 g)
Poivron rouge grillé * (1)
Salade romaine (à volonté) avec du concombre
en dés (1/4 de tasse) et de la tomate en dés
(1/2 tasse)

Vous trouverez la recette des plats suivis d'un astérisque à partir de la page 119 et en consultant l'index des recettes en fin de volume

---

Assaisonnement au jus de tomate * (à volonté)
Nectarine (1) *ou* abricots (3)
Substitut de café *ou* infusion, *ou* eau minérale plate
   ou gazeuse

EN-CAS
Fromage frais de chèvre (30 g)
■ Si vous choisissez la deuxième formule de petit déjeuner,
prenez l'orge perlé bouilli (1/2 tasse) au déjeuner ou au dîner, ou
comme en-cas dans la journée, et éliminez un fruit du déjeuner ou
du dîner.

1ʳᵉ semaine, 2ᵉ jour

PETIT DÉJEUNER 1
Fraises (1/2 tasse)
Flocons d'avoine (1/2 tasse) *ou* biscuits à l'avoine
   (2)
Jus d'orange frais non sucré (1 tasse)
Substitut de café *ou* infusion

OU

PETIT DÉJEUNER 2
Fraises (1 tasse)
Jus d'orange frais non sucré (1 tasse)
Substitut de café *ou* infusion

DÉJEUNER
Thon (boîte de 100 g de thon au naturel *ou* 120 g
   de thon frais grillé) *ou* poulet grillé (120 g)
Haricots verts à la vapeur (1 tasse)
Pommes de terre à la vapeur (1 tasse)
Kiwi (1)
Eau minérale plate ou gazeuse

DÎNER
Potage aux navets et aux poireaux * (1 tasse)
Poulet grillé (120 g)
Gombos sautés * *ou* haricots verts à la vapeur
   (1 tasse)
Salade de betteraves ou d'endives (à volonté)
Assaisonnement au citron * (à volonté)

Fraises (1/2 tasse)
Substitut de café *ou* infusion *ou* eau minérale plate
ou gazeuse.

EN-CAS
Orange *ou* kiwi (1)
■ **Si vous choisissez le petit déjeuner 2, prenez les flocons d'avoine (1/2 tasse) ou les biscuits à l'avoine (2) au déjeuner ou au dîner, ou comme en-cas dans la journée, et supprimez un fruit au déjeuner ou au dîner.**

1ʳᵉ semaine, 3ᵉ jour

PETIT DÉJEUNER 1
Banane (1/2)
Riz soufflé (1/2 tasse) *ou* galette de riz (1)
Jus de pomme sans sucre (1/2 tasse)
Substitut de café *ou* infusion

OU

PETIT DÉJEUNER 2
Banane (1)
Jus de pomme sans sucre (1/2 tasse)
Substitut de café *ou* infusion

DÉJEUNER
Plateau de fruits : pomme coupée en tranches (1),
banane coupée en tranches (1/2) et pastèque *ou*
melon (3/4 de tasse)
Eau minérale plate ou gazeuse

DÎNER
Côtes d'agneau grillées (120 g)
Petits pois sautés aux châtaignes d'eau * (1 tasse
1/8)
Purée de navets à la vapeur
(1/2 tasse)
Riz brun long bouilli * (1/2 tasse)
Pomme au four * (1)
Substitut de café *ou* infusion *ou* eau minérale plate
ou gazeuse

EN-CAS

Galette de riz (1)

■ Si vous choisissez le petit déjeuner 2, prenez la galette de riz (1) ou le riz soufflé (1/2 tasse) au déjeuner ou au dîner, ou comme en-cas dans la journée, et supprimez un fruit au déjeuner ou au dîner.

1ʳᵉ semaine, 4ᵉ jour

PETIT DÉJEUNER 1

Cassis (1/2 tasse)

Flocons de millet (1 tasse) *ou* millet bouilli *
(1/2 tasse) avec 1 cuillerée à soupe de sirop
d'érable ou de miel liquide (facultatif)

Jus de pamplemousse frais sans sucre (1 tasse)

Substitut de café *ou* infusion

OU

PETIT DÉJEUNER 2

Cassis (1 tasse)

Jus de pamplemousse frais sans sucre (1 tasse)

Substitut de café *ou* infusion

DÉJEUNER

Pois chiches *ou* petits haricots blancs au thym
(1/2 tasse) *ou* turbot *ou* bar grillé (120 g)

Assiette de légumes à la vapeur : carottes (1 tasse), chou-fleur (1 tasse) et chicorée ou scarole
(2 tasses)

Brugnon *ou* pêche (1)

Eau minérale plate ou gazeuse

DÎNER

Turbot *ou* bar grillé (120 g)

Asperges à l'estragon cuites à la vapeur * (1 tasse)

Chou-fleur à la vapeur (1/2 tasse)

Salade de chicorée ou scarole (à volonté)

Assaisonnement au citron * (à volonté)

Cassis (1/2 tasse)

Substitut de café *ou* infusion *ou* eau minérale plate
ou gazeuse

EN-CAS

Jus de carotte (1 tasse) *ou* brugnon (1) *ou* pêche (1)

■ Si vous choisissez le petit déjeuner 2, prenez les flocons de millet (1 tasse) ou le millet bouilli (1/2 tasse) avec une cuillerée à soupe de miel liquide ou de sirop d'érable (facultatif) au déjeuner ou au dîner, ou comme en-cas dans la journée, et éliminez un fruit au déjeuner ou au dîner.

1ʳᵉ semaine, 5ᵉ jour

PETIT DÉJEUNER 1

Mangue *ou* papaye (1/2)
Pain de seigle (1 tranche) *ou* biscuits au seigle (2)
Substitut de café *ou* infusion

OU

PETIT DÉJEUNER 2

Mangue *ou* papaye (1)
Jus de raisin *ou* jus d'abricot sans sucre (1 tasse)
Substitut de café *ou* infusion

DÉJEUNER

Salade d'épinards et de fromage : épinards (à volonté), concombre coupé en dés (1/4 de tasse), tomate coupée en dés (1/4 de tasse), oignons en tranches (à volonté) et fromage frais de brebis ou de chèvre (25 g)
Assaisonnement au citron * (à volonté)
Pain de seigle (1 tranche) *ou* biscuits au seigle (2)

OU

Tranche de rosbif (120 g)
Tomate en tranches (1/2 tasse)
Eau minérale plate ou gazeuse.

DÎNER

Jus de tomate (1/2 tasse) avec 1 branche de céleri et le jus d'1/2 citron
Tranche de rosbif (120 g)
Choux de Bruxelles à la vapeur (1/2 tasse)

Haricots verts à la vapeur (1/2 tasse)
Salade d'épinards (à volonté)
Assaisonnement au citron * (à volonté)
Raisin (1/2 tasse) *ou* abricots (3)
Substitut de café *ou* infusion *ou* eau minérale plate
ou gazeuse.

EN-CAS

Jus de tomate (1/2 tasse) avec 1 branche de céleri
et le jus d'1/2 citron *ou* mangue *ou* papaye
(1/2)

■ Si vous choisissez le petit déjeuner 2, prenez les biscuits au
seigle (2) ou le pain de seigle (1 tranche) au déjeuner ou au dîner, ou
encore comme en-cas dans la journée, et éliminez un fruit au
déjeuner ou au dîner.

1ʳᵉ semaine, 6ᵉ jour

PETIT DÉJEUNER 1

Prunes (2) *ou* figues (3)
Orge perlé bouilli * (1/2 tasse)
Jus d'orange frais sans sucre (1 tasse)
Substitut de café *ou* infusion

OU

PETIT DÉJEUNER 2

Prunes (4) *ou* figues (6)
Jus d'orange frais sans sucre (1 tasse)
Substitut de café *ou* infusion

DÉJEUNER

Thon (boîte de 100 g de thon au naturel *ou* 120 g de
thon frais grillé) *ou* poulet grillé (120 g)
Haricots verts ou beurre à la vapeur (1 tasse)
Courge à la vapeur (1/2 tasse)
Salade de cresson (à volonté)
Assaisonnement au citron * (à volonté)
Orange (1)
Eau minérale plate ou gazeuse

DÎNER

Poulet rôti aux herbes * (120 g)
Haricots verts ou beurre à la vapeur (1 tasse)
Courgettes sautées dans 1 cuillerée à soupe de
beurre allégé (1/2 tasse)
Salade de cresson (à volonté)
Assaisonnement au citron * (à volonté)
Orge perlé bouilli * (1/2 tasse)
Figues (2)
Substitut de café *ou* infusion *ou* eau minérale plate
ou gazeuse.

EN-CAS

Prunes (2)

■ **Si vous choisissez le petit déjeuner 2, prenez l'orge perlé bouilli
(1/2 tasse) au déjeuner ou au dîner, ou comme en-cas dans la
journée, et éliminez une part de fruit au déjeuner ou au dîner.**

1ʳᵉ semaine, 7ᵉ jour

PETIT DÉJEUNER 1

Ananas sans sucre (1/2 tasse)
Riz soufflé (1/2 tasse) *ou* galette de riz (1)
Substitut de café *ou* infusion

OU

PETIT DÉJEUNER 2

Ananas sans sucre (1 tasse)
Jus de mûre ou de cerise (1 tasse)
Substitut de café *ou* infusion

DÉJEUNER

Salade de haricots blancs * (1 tasse 1/4)
 ou rôti de dindonneau en tranches (120 g)
Galette de riz (1)
Eau minérale plate ou gazeuse

DÎNER

Rôti de dindonneau en tranches (120 g)
Brocolis à la vapeur (1 tasse)

Salade verte (à volonté)
Assaisonnement au citron * (à volonté)
Riz brun long bouilli * (1/2 tasse)
Sorbet à la mousse d'ananas * (1 tasse) *ou* ananas
sans sucre (1/2 tasse)
Substitut de café *ou* infusion *ou* eau minérale plate
ou gazeuse

EN-CAS

Ananas sans sucre (1/2 tasse)

■ Si vous choisissez le petit déjeuner 2, prenez le riz soufflé (1/2 tasse) ou le gâteau de riz (1) au déjeuner ou au dîner, ou comme en-cas dans la journée, et éliminez une part de fruit au déjeuner ou au dîner.

2ᵉ semaine, 1ᵉʳ jour

PETIT DÉJEUNER 1

Framboises (1/2 tasse) *ou* melon (1/4)
Flocons d'avoine (1/2 tasse) avec 1 cuillerée à soupe
de miel
Jus de goyave ou de fruit de la passion (1 tasse)
Substitut de café *ou* infusion

OU

PETIT DÉJEUNER 2

Framboises (1 tasse) *ou* melon (1/2)
Jus de goyave ou de fruit de la passion (1 tasse)
Substitut de café *ou* infusion

DÉJEUNER

Assiette de fruits et de fromage : poire en tranches (1), melon en dés (1 tasse), framboises
(1/2 tasse) et fromage frais de chèvre (25 g)
Biscuits à l'avoine (2)

OU

Lieu grillé (120 g)
Melon en dés (1 tasse) *ou* goyave (1)
Eau minérale plate ou gazeuse

DÎNER

Papillotes * de merlan *ou* de lieu (120 g)

Pommes de terre à la vapeur (1 tasse) avec persil haché (1/4 de tasse) et 1 cuillerée à soupe de margarine végétale

Salade verte (à volonté)

Assaisonnement au citron * (à volonté)

Poire à la vapeur * (1)

Substitut de café *ou* infusion *ou* eau minérale plate ou gazeuse

EN-CAS

Melon (1/4) *ou* goyave (1)

■ Si vous choisissez le petit déjeuner 2, prenez les flocons d'avoine (1/2 tasse) avec une cuillerée à soupe de miel au déjeuner ou au dîner, ou comme en-cas dans la journée, et éliminez une part de fruit au déjeuner ou au dîner.

2ᵉ semaine, 2ᵉ jour

PETIT DÉJEUNER 1

Mandarine (1/2 tasse)

Sarrasin bouilli ou kacha * (1/2 tasse) avec 1 cuillerée à soupe de sirop d'érable ou de miel (facultatif)

Jus de pamplemousse frais sans sucre (1/2 tasse)

Substitut de café *ou* infusion

OU

PETIT DÉJEUNER 2

Mandarine (1 tasse)

Jus de pamplemousse frais sans sucre (1/2 tasse)

Substitut de café *ou* infusion

DÉJEUNER

Saumon (boîte de 110 g de saumon au naturel *ou* 120 g de saumon frais grillé) *ou* côte de veau grillée (120 g)

Petits pois à la vapeur (1/2 tasse)

Salade de radis, de céleri-rave *ou* d'endives (à volonté)

Assaisonnement au citron * (à volonté)
Mandarine (1/2 tasse)
Eau minérale plate ou gazeuse

DÎNER

Veau Pojarski * (120 g)
Purée de navets à la vapeur (1/2 tasse)
Petits pois à la vapeur (1/2 tasse)
Salade d'endives (à volonté)
Assaisonnement au citron * (à volonté)
Sorbet au pamplemousse * (1 tasse)
Substitut de café *ou* infusion *ou* eau minérale plate
ou gazeuse

EN-CAS

Bâtonnets de céleri (2)

■ **Si vous choisissez le petit déjeuner 2, prenez le sarrasin (1/2 tasse) avec 1 cuillerée à soupe de sirop d'érable ou de miel (facultatif) au déjeuner ou au dîner, ou comme en-cas dans la journée, et éliminez une part de fruit au déjeuner ou au dîner.**

2ᵉ semaine, 3ᵉ jour

PETIT DÉJEUNER 1

Mangue *ou* papaye (1/2)
Pain de seigle (1 tranche) *ou* biscuits au seigle (2)
Substitut de café *ou* infusion

OU

PETIT DÉJEUNER 2

Mangue *ou* papaye (1)
Jus de raisin *ou* jus d'abricot sans sucre (1 tasse)
Substitut de café *ou* infusion

DÉJEUNER

Salade d'épinards et de fromage : épinards (à volonté), échalotes ou oignons émincés (à volonté), cœurs d'artichaut (3/4 de tasse) et fromage frais de brebis ou de chèvre (25 g)
Assaisonnement au citron * (à volonté)

Pain de seigle (1 tranche) *ou* biscuits au seigle (2)

OU

Tranche de gigot d'agneau *ou* côte d'agneau au
romarin (120 g)
Salade d'épinards (à volonté)
Assaisonnement au citron * (à volonté)
Eau minérale plate ou gazeuse

DÎNER

Tranche de gigot d'agneau *ou* côte d'agneau au
romarin (120 g)
Aubergines grillées * (1/2)
Chou-fleur à la vapeur (1/2 tasse)
Haricots verts à la vapeur (1/2 tasse)
Salade d'épinards (à volonté)
Assaisonnement au citron * (à volonté)
Mangue *ou* papaye (1/2)
Substitut de café *ou* infusion *ou* eau minérale plate
ou gazeuse

EN-CAS

Cerises *ou* raisin (1/2 tasse)

■ **Si vous choisissez le petit déjeuner 2, prenez les biscuits au
seigle (2) ou le pain de seigle (1 tranche) au déjeuner ou au dîner, ou
comme en-cas dans la journée, et éliminez une part de fruit au
déjeuner ou au dîner.**

2ᵉ semaine, 4ᵉ jour

PETIT DÉJEUNER 1

Pêche (1 tasse) *ou* brugnons (2)
Flocons de millet (1 tasse) *ou* millet bouilli * (1/2
tasse)
Jus d'ananas sans sucre (1 tasse)
Substitut de café *ou* infusion

OU

PETIT DÉJEUNER 2

Pêches (2 tasses) *ou* brugnons (3)
Jus d'ananas sans sucre (1 tasse)
Substitut de café *ou* infusion

DÉJEUNER

Rôti de dindonneau en tranches (120 g)
Betteraves à la vapeur (1 tasse)
Carottes à la ciboulette cuites à la vapeur *
(1 tasse)
Ananas sans sucre (1 tasse)
Eau minérale plate ou gazeuse

DÎNER

Assiette de poissons et de légumes à la vapeur :
carrelet, perche, turbot, plie *ou* sole (120 g), asperges (1/2 tasse), carottes à la ciboulette cuites à la
vapeur * (1 tasse)
Salade de cresson (2 tasses)
Assaisonnement au citron * (à volonté)
Sorbet à la mousse d'ananas * (1 tasse) *ou* ananas
sans sucre (1/2 tasse)
Substitut de café *ou* infusion *ou* eau minérale plate
ou gazeuse

EN-CAS

Ananas sans sucre (1/2 tasse)
■ Si vous choisissez le petit déjeuner 2, prenez les flocons de
millet (1 tasse) ou le millet bouilli (1/2 tasse) au déjeuner ou au
dîner, ou comme en-cas dans la journée, et supprimez une part de
fruit au déjeuner ou au dîner.

2ᵉ semaine, 5ᵉ jour

PETIT DÉJEUNER 1

Nectarine (1), abricots (2) *ou* brugnon (1)
Orge perlé bouilli * (1/2 tasse)
Jus de myrtille (1 tasse)
Substitut de café *ou* infusion

OU

PETIT DÉJEUNER 2

Nectarines (2), abricots (4) *ou* brugnons (2)
Jus de myrtille (1 tasse)
Substitut de café *ou* infusion

DÉJEUNER

Salade de taboulé * (1 tasse 1/4)
Prune (1)
Eau minérale plate ou gazeuse

DÎNER

Assiette de poissons et de légumes grillés : truite,
limande *ou* perche (120 g), poivron vert (1), tomate
grillée aux herbes * (1/2)
Salade verte (à volonté), avec concombre coupé en
dés (1/4 de tasse)
Assaisonnement au jus de tomate * (à volonté)
Nectarine (1) *ou* abricots (3)
Substitut de café *ou* infusion *ou* eau minérale plate
ou gazeuse

EN-CAS

Fromage frais de chèvre (25 g)
■ **Si vous choisissez le petit déjeuner 2, prenez l'orge perlé bouilli
(1/2 tasse) au déjeuner ou au dîner, ou comme en-cas dans la
journée, et supprimez une part de fruit au déjeuner ou au dîner.**

2ᵉ semaine, 6ᵉ jour

PETIT DÉJEUNER 1

Fraises (1/2 tasse)
Flocons d'avoine (1/2 tasse)
Jus d'orange frais sans sucre (1 tasse)
Substitut de café *ou* infusion

OU

PETIT DÉJEUNER 2

Fraises (1 tasse)
Jus d'orange frais sans sucre (1 tasse)
Substitut de café *ou* infusion

DÉJEUNER

Thon (boîte de 100 g de thon au naturel *ou* 120 g de
thon frais grillé) *ou* poulet grillé (120 g)
Haricots verts à la vapeur avec marjolaine (1 tasse)

Pommes de terre à la vapeur (1 tasse)
Kiwi (1)
Eau minérale plate ou gazeuse

DÎNER

Potage aux navets et aux poireaux * (1 tasse)
Poulet Pojarski * (120 g)
Gombos sautés * ou haricots verts à la vapeur
(1 tasse)
Salade d'endives ou de chicorée (à volonté)
Assaisonnement au citron * (à volonté)
Fraises (1/2 tasse)
Substitut de café ou infusion ou eau minérale plate
ou gazeuse.

EN-CAS

Orange ou kiwi (1)
■ Si vous choisissez le petit déjeuner 2, prenez les flocons d'avoine
(1/2 tasse) au déjeuner ou au dîner, ou comme en-cas dans la
journée, et supprimez une part de fruit au déjeuner ou au dîner.

2° semaine, 7° jour

PETIT DÉJEUNER 1

Banane (1/2)
Riz soufflé (1/2 tasse) ou galette de riz (1)
Substitut de café ou infusion

OU

PETIT DÉJEUNER 2

Banane (1)
Jus de pomme sans sucre (1/2 tasse)
Substitut de café ou infusion

DÉJEUNER

Plateau de fruits : pomme coupée en tranches (1),
banane en tranches (1/2), et melon ou pastèque
en dés (3/4 de tasse)
Eau minérale plate ou gazeuse

DÎNER

Côte d'agneau grillée (120 g)
Chou sauté aux oignons * (1 tasse 1/2)
Courges *ou* courgettes rôties (1 tasse)
Riz brun long bouilli * (1/2 tasse)
Compote de pommes sans sucre (1/2 tasse)
Substitut de café *ou* infusion *ou* eau minérale plate
ou gazeuse

EN-CAS

Pastèque *ou* melon en dés (1 tasse)

■ **Si vous choisissez le petit déjeuner 2, prenez le riz soufflé (1/2 tasse) ou la galette de riz (1) au déjeuner ou au dîner, ou comme en-cas dans la journée, et supprimez une part de fruit au déjeuner ou au dîner.**

3ᵉ semaine, 1ᵉʳ jour

PETIT DÉJEUNER 1

Cassis (1/2 tasse)
Sarrasin bouilli ou kacha (1/2 tasse) avec 1 cuillerée
à soupe de sirop d'érable ou de miel (facultatif)
Jus de pamplemousse frais sans sucre (1 tasse)
Substitut de café *ou* infusion

OU

PETIT DÉJEUNER 2

Cassis (1 tasse)
Jus de pamplemousse frais sans sucre (1 tasse)
Substitut de café *ou* infusion

DÉJEUNER

Petits pois *ou* lentilles au thym (1/2 tasse) *ou* petite
friture grillée (120 g)
Assiette de légumes à la vapeur : carottes (1 tasse)
chou-fleur (1 tasse) et chicorée ou scarole (2
tasses)
Brugnon *ou* pêche (1)
Eau minérale plate ou gazeuse

DÎNER

Petite friture grillée (120 g)
Asperges à l'estragon cuites à la vapeur * (1 tasse)
Chou-fleur à la vapeur (1/2 tasse)
Salade de chicorée ou de scarole (à volonté)
Assaisonnement au citron * (à volonté)
Cassis (1/2 tasse)
Substitut de café *ou* infusion *ou* eau minérale plate
ou gazeuse

EN-CAS

Jus de carotte (1 tasse) *ou* brugnon *ou* pêche (1)
■ **Si vous choisissez le petit déjeuner 2, prenez le sarrasin (1/2 tasse) avec 1 cuillerée à soupe de sirop d'érable ou de miel (facultatif) au déjeuner ou au dîner ou comme en-cas dans la journée, et supprimez une part de fruit au déjeuner ou au dîner.**

3ᵉ semaine, 2ᵉ jour

PETIT DÉJEUNER 1

Mangue *ou* papaye (1)
Pain de seigle (1 tranche) *ou* biscuits au seigle (2)
Substitut de café *ou* infusion

OU

PETIT DÉJEUNER 2

Mangue *ou* papaye (1)
Jus de raisin ou d'abricot sans sucre (1 tasse)
Substitut de café *ou* infusion

DÉJEUNER

Salade d'épinards et de fromage : épinards (à volonté), concombre en dés (1/2 tasse), tomate en dés (1/2 tasse) et fromage frais de brebis ou de chèvre (30 g)
Assaisonnement au citron * (à volonté)
Pain de seigle (1 tranche)

OU

Boulettes de bœuf maigre *ou* tranche de bœuf (120 g)
Tomate en tranches (1/2 tasse)
Eau minérale plate ou gazeuse

DÎNER

Jus de tomate (1 tasse), avec 1 branche de céleri et le jus d' 1/2 citron
Boulettes de bœuf maigre ou tranche de rôti de veau (120 g)
Choux de Bruxelles à la vapeur (1 tasse)
Salade d'épinards (à volonté)
Assaisonnement au citron * (à volonté)
Raisin (1/2 tasse) ou abricots (3)
Substitut de café *ou* infusion *ou* eau minérale plate ou gazeuse

EN-CAS

Jus de tomate (1 tasse) avec 1 branche de céleri et le jus d' 1/2 citron

■ **Si vous choisissez le petit déjeuner 2, prenez le pain de seigle (1 tranche) ou les biscuits au seigle (2) au déjeuner ou au dîner, ou comme en-cas dans la journée, et supprimez une part de fruit au déjeuner ou au dîner.**

3ᵉ semaine, 3ᵉ jour

PETIT DÉJEUNER 1

Prunes (2) ou figues (3)
Orge perlé bouilli * (1/2 tasse)
Jus d'orange frais sans sucre (1 tasse)
Substitut de café *ou* infusion

OU

PETIT DÉJEUNER 2

Prunes (4) *ou* figues (6)
Jus d'orange frais sans sucre (1 tasse)
Substitut de café *ou* infusion

DÉJEUNER

Thon (boîte de 100 g de thon au naturel *ou* 120 g de thon frais grillé) *ou* poulet grillé (120 g)
Haricots verts ou beurre à la vapeur (1 tasse)
Courges à la vapeur (1/2 tasse)
Salade de cresson (à volonté)
Assaisonnement au citron * (à volonté)
Orange (1)
Eau minérale plate ou gazeuse

DÎNER

Petites brochettes de poulet * (120 g)
Petits pois sautés aux châtaignes d'eau * (1 tasse 1/8)
Aubergines *ou* courgettes sautées dans 1 cuillerée à soupe de margarine végétale (1/2 tasse)
Salade de cresson (à volonté)
Assaisonnement au citron * (à volonté)
Figues (2)
Substitut de café *ou* infusion *ou* eau minérale plate ou gazeuse

EN-CAS

Prunes (2)

■ Si vous choisissez le petit déjeuner 2, prenez l'orge perlé bouilli * (1/2 tasse) au déjeuner ou au dîner, ou comme en-cas dans la journée, et supprimez une part de fruit au déjeuner ou au dîner.

3ᵉ semaine, 4ᵉ jour

PETIT DÉJEUNER 1

Ananas sans sucre (1/2 tasse)
Riz soufflé (1/2 tasse) *ou* galette de riz (1)
Substitut de café *ou* infusion

OU

PETIT DÉJEUNER 2

Ananas sans sucre (1 tasse)
Jus de mûre *ou* de cerise (1 tasse)
Substitut de café *ou* infusion

DÉJEUNER

Salade de haricots blancs * (1 tasse 1/4) *ou* tranche de rôti de dindonneau (120 g)
Galette de riz (1)
Eau minérale plate ou gazeuse

DÎNER

Tranche de rôti de dindonneau (120 g)
Brocolis à la vapeur (1 tasse)
Salade verte (à volonté)
Assaisonnement au citron * (à volonté)
Riz brun long bouilli * (1/2 tasse)
Sorbet à la mousse d'ananas * (1 tasse) *ou* ananas sans sucre (1/2 tasse)
Substitut de café *ou* infusion *ou* eau minérale plate ou gazeuse

EN-CAS

Ananas sans sucre coupé en dés (1/2 tasse)
■ Si vous choisissez le petit déjeuner 2, prenez le riz soufflé (1/2 tasse) ou la galette de riz (1) au déjeuner ou au dîner, ou comme en-cas dans la journée, et supprimez une part de fruit au déjeuner ou au dîner.

3ᵉ semaine, 5ᵉ jour

PETIT DÉJEUNER 1

Framboises (1/2 tasse) *ou* melon (1/4)
Flocons d'avoine (1/2 tasse) avec 1 cuillerée à soupe de miel
Jus de myrtille (1/2 tasse)
Substitut de café *ou* infusion

OU

PETIT DÉJEUNER 2

Framboises (1 tasse) *ou* melon (1/2)
Jus de myrtille (1/2 tasse)
Substitut de café *ou* infusion

DÉJEUNER

Assiette de fruits et de fromage : poire en tranches (1), melon coupé en dés (1 tasse), framboises (1/2 tasse) et fromage frais de chèvre (30 g)

Biscuits à l'avoine (2)

OU

Coquilles Saint-Jacques grillées (120 g)

Melon coupé en dés (1 tasse)

Eau minérale plate ou gazeuse

DÎNER

Papillotes * : coquilles Saint-Jacques (120 g)

Pommes de terre à la vapeur (1 tasse), avec persil haché (1/4 de tasse) et 1 cuillerée à soupe de margarine végétale.

Poire à la vapeur * (1)

Substitut de café *ou* infusion *ou* eau minérale plate ou gazeuse

EN CAS

Melon (1/4)

■ Si vous choisissez le petit déjeuner 2, prenez les flocons d'avoine (1/2 tasse) avec 1 cuillerée à soupe de miel au déjeuner ou au dîner, ou comme en-cas dans la journée, et supprimez une part de fruit au déjeuner ou au dîner.

3ᵉ semaine, 6ᵉ jour

PETIT DÉJEUNER 1

Cassis *ou* mandarine (1/2 tasse)

Flocons de millet (1 tasse), *ou* millet bouilli * (1/2 tasse) avec 1 cuillerée à soupe de sirop d'érable ou de miel

Jus de pamplemousse frais sans sucre (1/2 tasse)

Substitut de café *ou* infusion

OU

PETIT DÉJEUNER 2

Cassis *ou* mandarine (1 tasse)

Jus de pamplemousse frais sans sucre (1/2 tasse)

Substitut de café *ou* infusion

DÉJEUNER

Saumon (boîte de 110 g de saumon au naturel *ou*
120 g de saumon frais grillé) *ou* côte de veau grillée
(120 g)
Petits pois à la vapeur (1/2 tasse)
Salade de radis, de céleri-rave *ou* d'endives (à
volonté)
Assaisonnement au citron * (à volonté)
Pamplemousse (1/2)
Eau minérale plate ou gazeuse

DÎNER

Côte de veau grillée (120 g)
Courge rôtie (1 tasse)
Petits pois à la vapeur (1/2 tasse)
Salade d'endives (à volonté)
Assaisonnement au citron * (à volonté)
Sorbet au pamplemousse * (1 tasse)
Substitut de café *ou* infusion *ou* eau minérale plate
ou gazeuse

EN-CAS

Bâtonnets de céleri (2)

■ **Si vous choisissez le petit déjeuner 2, prenez les flocons de
millet (1/2 tasse), ou le millet bouilli * (1/2 tasse) avec 1 cuillerée à
soupe de sirop d'érable ou de miel (facultatif) au déjeuner ou au
dîner, ou comme en-cas dans la journée, et supprimez une part de
fruit au déjeuner ou au dîner.**

3ᵉ semaine, 7ᵉ jour

PETIT DÉJEUNER 1

Mangue *ou* papaye (1/2)
Pain de seigle (1 tranche) *ou* biscuits au seigle (2)
Substitut de café *ou* infusion

OU

PETIT DÉJEUNER 2

Mangue *ou* papaye (1)
Jus de raisin ou d'abricot sans sucre (1 tasse)
Substitut de café *ou* infusion

DÉJEUNER

Salade d'épinards et de fromage : épinards (à volonté), oignon *ou* échalote émincé (à volonté), cœurs d'artichaut (3/4 de tasse) et fromage frais de brebis ou de chèvre (25 g)

Pain de seigle (1 tranche) *ou* biscuits au seigle (2)

OU

Tranche de gigot d'agneau *ou* côtes d'agneau grillées au romarin (120 g)

Salade d'épinards (à volonté)

Assaisonnement au citron * (à volonté)

Eau minérale plate ou gazeuse

DÎNER

Tranche de gigot d'agneau *ou* côtes d'agneau grillées au romarin (120 g)

Aubergine grillée * (1/2)

Chou-fleur à la vapeur (1/2 tasse)

Haricots verts à la vapeur (1/2 tasse)

Salade verte (à volonté)

Assaisonnement au citron * (à volonté)

Mangue *ou* papaye (1/2)

Substitut de café *ou* infusion *ou* eau minérale plate ou gazeuse

EN-CAS

Cerises *ou* raisin (1/2 tasse)

■ **Si vous choisissez le petit déjeuner 2, prenez le pain de seigle (1 tranche) ou les biscuits au seigle (2) au déjeuner ou au dîner, ou comme en-cas dans la journée, et supprimez une part de fruit au déjeuner ou au dîner.**

POUR RÉINTRODUIRE DANS VOTRE ALIMENTATION LES SEPT DÉMONS : LE RÉGIME DES 14 JOURS

En réintroduisant dans votre régime chacun des Sept Démons de l'Alimentation, suivez bien mes conseils :

1. Prenez chacun de ces aliments sous la forme la plus pure possible. Par exemple, en ce qui concerne le blé, essayez de trouver des céréales cent pour cent pur blé, du pain ou des pâtes tout aussi purs, évitez les produits qui contiennent également l'un des autres aliments toxiques tels que les œufs, le lait de vache et la levure ou d'autres produits que vous n'avez pas consommés lors de votre régime d'élimination. Ainsi, vous ne risquerez pas de confondre votre réaction à un autre aliment et une éventuelle allergie au blé.

2. Prenez l'aliment en question trois fois dans la journée. Respectez les quantités minimales conseillées car vous suivrez toujours le régime d'élimination en ce qui concerne les autres aliments.

1re semaine

1er jour Maïs
> Suggestions : pop-corn, céréales au maïs soufflé, maïs en grains ou en épis, huile de maïs

3e jour Soja
> Recette : mayonnaise au soja *
> Autres suggestions : germes de soja, huile de soja, margarine au soja

5e jour Sucre de canne
> Suggestions : sucre de canne avec les fruits ou les céréales, jus de fruits en boîte ou en bouteille contenant du sucre de canne

7e jour Œufs
> Recette : pâtes au seigle *
> Autres suggestions : œuf dur ou poché, œufs brouillés ou frits dans une poêle anti-adhésive et sans corps gras.

2ᵉ semaine

2ᵉ jour Levure et houblon
Recettes : Vinaigrette à la moutarde *
Salade de poireau et de poivron rouge *
Poulet sauce Bourbon *
Autres suggestions : levure dans les céréales ou le
pain, vin, bière ou alcool.

4ᵉ jour Lait de vache
Recette : Pâtes à la sauce tomate * (avec fromage à
base de lait de vache)
Autres suggestions : lait écrémé, yaourt à faible
teneur en matières grasses, fromage à base de lait
de vache à faible teneur en matières grasses, glace
à faible teneur en matières grasses

6ᵉ jour Blé
Recettes : Salade de légumes au riz faite avec des
macaronis *
Salade de taboulé faite avec du froment *
Autres suggestions : céréales au froment, pain au
froment sans levure, pâtes au froment, farine de
froment

LE RÉGIME D'ENTRETIEN

La qualité primordiale de ce régime d'entretien est sa souplesse. En effet, il n'y a pas de règles absolues, mais plutôt un principe de base, à savoir la rotation de quatre jours que j'ai déjà expliquée au chapitre 6. Vous pouvez l'adapter à vos goûts personnels et à vos besoins alimentaires.

Je vous propose des exemples de menus pour une semaine, établis en fonction des besoins spécifiques des hommes et des femmes. Vous pouvez y apporter des modifications pour varier vos repas — en substituant toujours aux aliments conseillés d'autres aliments de la même catégorie — mais vous devez suivre les conseils de mes menus en ce qui concerne les proportions et l'équilibre des repas.

1. *Veillez toujours à consommer une grande quantité de fibres.* Les fibres vous nourrissent et vous maintiennent en bonne santé. Les pains complets, les biscuits aux céréales complètes et les céréales

elles-mêmes sont riches en fibres, de même que les fruits et les légumes crus ou cuits.

2. *Donnez une place importante aux hydrates de carbone complexes* (des aliments comme les pâtes, le riz et les autres graines, ainsi que les amidons comme les pommes de terre et les autres légumineuses). Ce sont d'excellentes sources d'énergie que votre organisme utilisera avec efficacité.

3. *Consommez aussi peu de graisses que possible.* Pour cela, vous pouvez réduire l'importance des viandes dans votre régime et utiliser des poêles anti-adhésives avec un minimum d'huile de cuisson.

4. *Répartissez bien vos repas dans la journée,* en prenant de préférence trois repas légers et deux en-cas.

5. *Retirez toute la graisse visible des aliments avant la cuisson.* Retirez la peau des poissons et des volailles avant de les préparer.

6. *Si vous mangez du poisson,* préférez aux poissons gras (thon à l'huile, sardines à l'huile, truite au beurre et raie) les poissons maigres ou peu gras (lieu, merlan, cabillaud, bar, saumonette, saint-pierre, sole, turbot, turbotin, etc.)

7. *Augmentez la quantité de céréales,* de haricots, de pois et autres légumineuses dans votre régime. Ils représentent une source riche et nourrissante de protéines.

8. *Évitez les aliments frits.*

9. *Ne consommez pas trop d'aliments végétaux gras,* comme l'avocat, les cacahuètes, les amandes, les noix de cajou, etc.

10. *Réduisez au maximum la consommation des sucreries* (gâteaux, pâtisseries, bonbons, biscuits sucrés et salés, confiserie et glaces). Ces aliments contiennent non seulement du sucre, mais aussi des graisses le plus souvent.

Le régime d'entretien
pour les femmes

1ʳᵉ semaine, 1ᵉʳ jour

PETIT DÉJEUNER

Galettes d'avoine * (3) *ou* flocons d'avoine (1/2 tasse) *ou* biscuits à l'avoine (2)
Nectar d'abricot (1 tasse)
Substitut de café *ou* infusion

DÉJEUNER

Salade aux épinards et aux œufs : épinards (4 tasses), concombre en dés (1/2 tasse), oignon *ou* échalote émincé (à volonté), radis en tranches (1/2 tasse), œuf dur en tranches (1)

Assaisonnement au citron * (à volonté)
Biscuits au seigle (2)
Prunes (2)
Eau minérale plate ou gazeuse

DÎNER

Boulettes d'agneau * *ou* côtes d'agneau grillées
(170 g)
Purée d'aubergine * (3/4 de tasse)
Chou-fleur à la vapeur (1 tasse)
Assaisonnement chaud à l'ail * (2 cuillerées 1/2 à
soupe)
Salade d'épinards (à volonté)
Assaisonnement au citron * (à volonté)
Figues *ou* abricots secs (4)
Substitut de café *ou* infusion *ou* eau minérale plate
ou gazeuse.

EN-CAS

Chou-fleur cru (1 tasse)

2 fois un demi-verre de vin par semaine *ou* 1 verre de
8 cl d'alcool par semaine

1re semaine, 2e jour

PETIT DÉJEUNER

Céréales au maïs soufflé (1 tasse) *ou* maïs en grains
(1/2 tasse)
Ananas *ou* poire (1 tasse)
Jus d'orange *ou* de mandarine frais sans sucre
(1 tasse)
Substitut de café *ou* infusion

DÉJEUNER

Salade mexicaine de haricots * (1 tasse 1/2) sur un
lit de salade verte (à volonté)
Chips au maïs (1 tasse)
Orange *ou* brugnon (1)
Eau minérale plate ou gazeuse

DÎNER

Potage glacé aux artichauts de Jérusalem * (1 tasse)
avec chips au maïs (1 tasse)

Poulet grillé (170 g) avec sauce au piment doux *
(1/4 de tasse)
Oignon grillé * (1/2)
Salade verte (à volonté)
Assaisonnement au jus de tomate * (à volonté)
Ananas (1 tasse) avec noix de coco en lamelles
(1 cuillérée à soupe), sans sucre
Substitut de café *ou* infusion *ou* eau minérale plate
ou gazeuze

EN-CAS
Pop-corn (2 tasses)
Jus de tomate (1 tasse) avec zeste de citron

1re semaine, 3e jour

PETIT DÉJEUNER
Galettes de sarrasin au cassis * avec du miel (4)
Jus de pamplemousse frais sans sucre (1 tasse)
Substitut de café *ou* infusion

DÉJEUNER
Artichaut à la vapeur (1)
Merlan *ou* lieu grillé (120 g)
Petits pois à la vapeur (1 tasse)
Salade scarole ou chicorée (à volonté)
Assaisonnement au citron * (à volonté)
Cassis (1 tasse)
Eau minérale plate *ou* gazeuse

DÎNER
Veau grillé à la florentine * (170 g)
Asperges à la vapeur (1 tasse)
Pommes de terre à la vapeur avec sauge (1 tasse)
Champignons grillés (1/2 tasse)
Salade scarole ou chicorée (à volonté)
Assaisonnement au citron * (à volonté)
Assiette de fromage et de fruits : fromage frais de
chèvre (30 g), poire en tranches (1), pêche ou
nectarine en tranches (1)
Substitut de café *ou* infusion *ou* eau minérale plate
ou gazeuse

EN-CAS

Jus de pamplemousse frais sans sucre (1 tasse)
Poire *ou* nectarine (1)

1ʳᵉ semaine, 4ᵉ jour

PETIT DÉJEUNER

Pain complet (1 tranche)
Fraises (1 tasse)
Yaourt ou fromage frais à faible teneur en matières
grasses (1/2 tasse)
Substitut de café *ou* infusion

DÉJEUNER

Sole *ou* perche grillée (120 g)
Fraises *ou* framboises (1/2 tasse)
Petit pain sans levure (1)
Eau minérale plate ou gazeuse

DÎNER

Sole *ou* perche grillée (170 g)
Salade de betterave chaude * (3/4 de tasse)
Petit pain sans levure (1)
Fraises Cardinal * (1 tasse)
Substitut de café *ou* infusion *ou* eau minérale plate
ou gazeuse

EN-CAS

Banane (1)
Kiwi (2)

1ʳᵉ semaine, 5ᵉ jour

PETIT DÉJEUNER

Rhubarbe à la vapeur (1 tasse) avec 1 cuillerée à
soupe de sirop d'érable ou de miel
Œuf (1) poché, dur ou brouillé dans une poêle
anti-adhésive et sans graisse
Jus de myrtille (1 tasse)
Substitut de café *ou* infusion

DÉJEUNER

Tranche de rôti de dindonneau (120 g)
Pomme de terre au four (1 petite)

Salade à la vinaigrette (1 tasse)
Compote de pommes sans sucre (1 tasse) avec raisins secs (1/4 de tasse)
Eau minérale plate ou gazeuse

DÎNER

Hachis de dindonneau * (1 tasse 1/4)
Petits pois sautés (1 tasse) *ou* haricots verts à la vapeur (1 tasse) avec 1 cuillerée à soupe de margarine végétale
Courge *ou* courgette rôtie (1/2)
Salade d'épinards (à volonté)
Assaisonnement au citron * (à volonté)
Pomme au four * avec sirop d'érable (1)
Substitut de café *ou* infusion *ou* eau minérale plate ou gazeuse

EN-CAS

Graines de tournesol (1/4 de tasse)
Raisins secs (1/4 de tasse)
Cidre *ou* jus de pomme (1 tasse)

1ʳᵉ semaine, 6ᵉ jour

PETIT DÉJEUNER

Riz soufflé (1 tasse) *ou* galettes de riz (2)
Melon (1/4)
Jus d'orange frais sans sucre (1 tasse)
Substitut de café *ou* infusion

DÉJEUNER

Thon (boîte de 100 g de thon au naturel *ou* 120 g de thon frais grillé)
Salade de taboulé * (1 tasse 1/4)
Salade de cresson (à volonté)
Assaisonnement au citron * (à volonté)
Prunes (2) *ou* figues (3)
Eau minérale plate ou gazeuse

DÎNER

Crevettes et fromage frais de brebis *ou* de chèvre au basilic et à la tomate * (1 tasse 1/4)
Brocolis à la vapeur (1 tasse)

Orge perlé bouilli * (1/2 tasse)
Salade de cresson (à volonté)
Assaisonnement au jus de tomate * (à volonté)
Melon *ou* pastèque en dés (2 tasses)
Substitut de café *ou* infusion *ou* eau minérale plate
ou gazeuse

EN-CAS
Jus de tomate (1 tasse)
Prunes (2) *ou* figues (2)

1re semaine, 7e jour

PETIT DÉJEUNER
Flocons de millet (1 tasse) *ou* millet bouilli * (1/2
tasse)
Mandarine (1 tasse) avec 1 cuillerée à soupe de
miel
Jus d'ananas sans sucre (1 tasse)
Substitut de café *ou* infusion

DÉJEUNER
Truite grillée (120 g)
Assiette de légumes à la vapeur : petits pois
(1 tasse), chou (2 tasses) et carottes (1 tasse)
avec garniture d'herbes
Litchis (1 tasse) et grenades (1 tasse)
Eau minérale plate ou gazeuse

DÎNER
Salade chinoise * (2 tasses)
Petits pois sautés aux châtaignes d'eau * (1 tasse
1/8)
Haricots verts (1 tasse)
Assiette de fruits : mandarine (1/2 tasse), litchis
(1/2 tasse) et grenades (1/2 tasse)
Substitut de café *ou* infusion, *ou* eau minérale plate
ou gazeuse

EN-CAS
Jus d'ananas sans sucre (1 tasse)
Carottes râpées (1 tasse)

Le régime d'entretien
pour les hommes

1re semaine, 1er jour

PETIT DÉJEUNER

Galette d'avoine * (3) *ou* flocons d'avoine (1/2 tasse) *ou* pain de seigle (1 tranche) *ou* biscuits au
seigle (2)
Nectar d'abricot (1 tasse)
Substitut de café *ou* infusion

DÉJEUNER

Merlan grillé (120 g)
Salade aux épinards et aux œufs : épinards (4 tas-
ses), concombre en dés (1/2 tasse), oignon ou
échalote émincés (à volonté), radis en tranches
(1/2 tasse), œuf dur en tranches (1)
Assaisonnement au citron * (à volonté)
Pain de seigle (2 tranches) *ou* biscuits au seigle (4)
Eau minérale plate ou gazeuse

DÎNER

Boulettes d'agneau * *ou* côtes d'agneau grillées
(170 g)
Purée d'aubergines * (3/4 de tasse)
Chou-fleur à la vapeur (1 tasse)
Assaisonnement chaud à l'ail * (2 cuillerées 1/2 à
soupe)
Salade d'épinards (à volonté)
Assaisonnement au citron * (à volonté)
Figues ou abricots secs (2)
Substitut de café *ou* infusion *ou* eau minérale plate
ou gazeuse

EN-CAS

Chou-fleur cru (1 tasse)
Prune (1)
Œuf dur (1)

1ʳᵉ semaine, 2ᵉ jour

PETIT DÉJEUNER

Céréales au maïs soufflé (1 tasse) *ou* maïs en grains (1/2 tasse)

Ananas *ou* poire (1 tasse)

Jus d'orange *ou* de mandarine frais sans sucre (1 tasse)

Substitut de café *ou* infusion

DÉJEUNER

Poulet grillé (120 g)

Salade mexicaine de haricots * (1 tasse 1/2) sur un lit de salade verte (à volonté)

Chips au maïs (1 tasse)

Oranges *ou* mandarines (2)

Eau minérale plate ou gazeuse

DÎNER

Potage glacé aux artichauts de Jérusalem * (1 tasse)

Poulet grillé (240 g) avec sauce au piment doux * (1/2 tasse)

Oignon grillé * (1)

Salade verte (à volonté)

Assaisonnement au jus de tomate * (à volonté)

Ananas (1 tasse) avec noix de coco en lamelles (2 cuillerées à soupe) sans sucre

Substitut de café *ou* infusion *ou* eau minérale plate ou gazeuse

EN-CAS

Pop-corn (2 tasses)

Jus de tomate (1 tasse) avec zeste de citron

1ʳᵉ semaine, 3ᵉ jour

PETIT DÉJEUNER

Galettes de sarrasin au cassis * avec du miel (4)

Jus de pamplemousse frais sans sucre (1 tasse)

Substitut de café *ou* infusion

DÉJEUNER

Artichaut à la vapeur (1)
Merlan *ou* lieu grillé (120 g)
Petits pois à la vapeur (1 tasse)
Salade chicorée ou scarole (à volonté)
Assaisonnement au citron * (à volonté)
Cassis (1 tasse)
Eau minérale plate ou gazeuse

DÎNER

Veau grillé à la florentine * (240 g)
Asperges à la vapeur (1 tasse)
Pommes de terre à la vapeur avec sauge (1 tasse)
Champignons grillés (1 tasse)
Salade chicorée ou scarole (à volonté)
Assaisonnement au citron * (à volonté)
Assiette de fromage et de fruits : fromage de chèvre
(30 g), poire en tranches (1), pêche *ou* nectarine en
tranches (1)
Substitut de café *ou* infusion *ou* eau minérale plate
ou gazeuse

EN-CAS

Jus de pamplemousse frais sans sucre (2 tasses)
Poires *ou* nectarines (2)

1ʳᵉ semaine, 4ᵉ jour

PETIT DÉJEUNER

Pain complet (2 tranches)
Fraises (1 tasse)
Yaourt *ou* fromage frais à faible teneur en matières
grasses (1 tasse)
Substitut de café *ou* infusion

DÉJEUNER

Sole *ou* perche grillée (120 g)
Fraises *ou* framboises (1 tasse)
Petit pain sans levure (1)
Eau minérale plate ou gazeuse

DÎNER

Sole *ou* perche grillée (240 g)
Salade de betterave chaude * (3/4 de tasse)
Petit pain sans levure (1)
Fraises Cardinal * (1 tasse)
Substitut de café *ou* infusion *ou* eau minérale plate
ou gazeuse

EN-CAS

Bananes (2)
Kiwis (3)

1re semaine, 5e jour

PETIT DÉJEUNER

Rhubarbe à la vapeur (1 tasse) avec 1 cuillerée à
soupe de sirop d'érable ou de miel
Œufs (2), pochés, durs ou brouillés dans une poêle
anti-adhésive et sans graisse
Jus de myrtille (1 tasse)
Substitut de café *ou* infusion

DÉJEUNER

Tranche de rôti de dindonneau (170 g)
Pomme de terre au four (1 moyenne)
Salade à la vinaigrette (1 tasse)
Compote de pommes sans sucre (1 tasse) avec
raisins secs (1/4 de tasse)
Eau minérale plate ou gazeuse

DÎNER

Hachis de dindonneau * (1 tasse 1/4)
Petits pois sautés (1 tasse) *ou* haricots verts à la
vapeur (1 tasse), avec 1 cuillerée à soupe de
margarine végétale
Courge ou courgette au four (1/2)
Salade d'épinards (à volonté)
Assaisonnement au citron * (à volonté)
Pomme au four * avec sirop d'érable (1)
Substitut de café *ou* infusion *ou* eau minérale plate
ou gazeuse

EN-CAS

Graines de tournesol (1/4 de tasse)
Raisins secs (1/2 tasse)
Cidre *ou* jus de pomme (1 tasse)

1re semaine, 6e jour

PETIT DÉJEUNER

Riz soufflé (1 tasse) *ou* galettes de riz (2)
Melon (1/2)
Jus d'orange frais sans sucre (1 tasse)
Substitut de café *ou* infusion

DÉJEUNER

Thon (boîte de 160 g de thon au naturel *ou* 150 g de
thon frais grillé)
Salade de taboulé * (1 tasse 1/4)
Salade de cresson (à volonté)
Assaisonnement au citron * (à volonté)
Prunes (2) *ou* figues (3)
Eau minérale plate ou gazeuse

DÎNER

Crevettes et fromage au basilic et à la tomate *
(1 tasse 1/4)
Brocolis à la vapeur (1 tasse)
Orge perlé bouilli * (1 tasse)
Salade de cresson (à volonté)
Assaisonnement au jus de tomate * (à volonté)
Melon en dés (2 tasses)
Substitut de café *ou* infusion *ou* eau minérale plate
ou gazeuse

EN-CAS

Jus de tomate (1 tasse)
Prunes (3) *ou* figues (3)
Fromage frais de brebis ou de chèvre (50 g)

1re semaine, 7e jour

PETIT DÉJEUNER

Flocons de millet (1 tasse) *ou* millet bouilli *
(1/2 tasse)
Mandarine (1 tasse) avec 1 cuillerée à soupe de
miel
Jus d'ananas sans sucre (1 tasse)
Substitut de café *ou* infusion

DÉJEUNER

Truite grillée (120 g)

Assiette de légumes à la vapeur : petits pois (1 tasse), chou (2 tasses) et carottes (1 tasse) avec garniture d'herbes

Litchis (1 tasse) et grenades (1 tasse)

Eau minérale plate ou gazeuse

DÎNER

Salade chinoise * (2 tasses)

Petits pois sautés aux châtaignes d'eau * (1 tasse 1/8)

Haricots verts (2 tasses)

Assiette de fruits : mandarine (1/2 tasse), litchis (1/2 tasse) et grenades (1/2 tasse)

Substitut de café *ou* infusion *ou* eau minérale ou gazeuse

EN-CAS

Jus d'ananas sans sucre (1 tasse)

Carottes râpées (1 tasse)

Poires (2)

QUELQUES CONSEILS CONCERNANT LE RÉGIME BERGER

Naturellement, la solution idéale pour suivre ce régime serait de pouvoir rester chez vous durant toute cette période, afin de contrôler entièrement votre alimentation. Malheureusement, nous ne vivons pas dans un monde idéal. Peu d'entre nous peuvent éviter les déplacements et les repas au restaurant, en tout cas pas mes patients qui exercent généralement des professions très prenantes. Voici donc quelques conseils qui vous aideront à respecter les principes du régime quel que soit votre emploi du temps.

Les repas au restaurant

Les restaurants représentent un enfer pour de nombreuses personnes au régime, mais ils n'ont rien de terrifiants en réalité. Vous pouvez y trouver les aliments qui vous conviennent, qu'il s'agisse d'un gril ou d'un établissement luxueux. Il suffit d'inspecter le menu de près.

● Vous n'êtes pas obligé de prendre systématiquement une entrée, un plat de résistance, du fromage et un dessert. Essayez de varier vos menus en ne commandant pas de plat de résistance, par exemple. Choisissez un repas fait de salades et d'entrées uniquement. Essayez d'innover.

● Pour respecter le principe de la rotation de quatre jours, je conseille à mes patients de se munir d'une liste de ce qu'ils ont mangé au cours des trois jours précédents, de manière à éviter toute répétition.

● En ce qui concerne le dessert, choisissez de préférence des fruits.

● Si vous êtes dans la phase d'élimination, optez pour les plats de résistance cuisinés très simplement : viandes grillées ou cuites à la vapeur, poisson, volailles ou légumes également grillés ou cuits à la vapeur.

● La première terrible tentation dans n'importe quel restaurant apparaît lorsque la corbeille de pain arrive sur la table. N'oubliez pas que tous ces produits, qu'il s'agisse de pain ou de biscuits pour l'apéritif, regorgent d'aliments toxiques — œufs, blé, lait de vache et levure. Si vous êtes seul, demandez que l'on retire la corbeille de pain de la table. Si vous êtes en compagnie d'autres personnes, munissez-vous de vos propres biscuits à l'avoine, ou au seigle. Ainsi, vous mangerez avec vos compagnons tout en évitant les aliments dangereux.

● Pour éviter la levure et le houblon, il faut renoncer à l'alcool. Lorsque tous vos amis commandent des cocktails, prenez un jus de tomate, un jus de fruit ou de l'eau minérale avec un zeste de citron ou d'orange.

Les voyages peuvent faire maigrir!

Vous pouvez respecter les principes du régime Berger même lorsque vous êtes en voyage.

● Bien souvent, l'avion est l'endroit idéal pour *ne pas* manger, ou pour manger très légèrement. Les voyages très longs risquent de saper votre énergie et de dérégler l'horloge de votre organisme. Dans ces conditions, vous vous sentirez mieux si vous évitez les repas lourds.

● Essayez d'emporter avec vous un léger en-cas à base des aliments recommandés par le régime Berger. Vous mangerez mieux, et vous devriez vous sentir reposé et dynamique à l'arrivée.

• Dans les avions, veillez à consommer de nombreuses boissons non alcoolisées. La déshydratation est responsable en grande partie des troubles dus au décalage horaire, par conséquent buvez beaucoup.

La nutrition saine
doit être une affaire de famille

Comme la plupart de mes patients, vous partagez sans doute vos repas avec votre conjoint ou votre famille. Lorsqu'on mange en compagnie d'autres personnes, et lorsqu'on doit préparer les repas à leur intention, il est parfois difficile de suivre un régime, surtout si votre bien-aimé n'apprécie pas les aliments préconisés par le régime. Beaucoup de mes patients se sont trouvés dans cette situation; voici donc quelques suggestions qui rendront plus facile l'acceptation du régime Berger par votre famille.

• *Les fruits frais crus* représentent une partie importante des desserts et des en-cas de votre régime. De toute évidence, il n'y a aucune raison pour que votre famille n'apprécie pas également ces fruits. Cependant, si certains gourmands ne sont pas satisfaits, ils peuvent choisir des sorbets ou des glaces aux fruits.

• Le régime Berger recommande un grand nombre de *légumes frais.* Le plus souvent, vous les ferez cuire à la vapeur, et vous les mangerez sans accompagnement. Pour votre famille, il existe des sauces et des assaisonnements faciles à confectionner pour agrémenter les légumes. Ainsi, une noix de beurre persillé suffit parfois à donner un tout autre goût aux légumes. Il vous suffit alors de servir tout le monde de la même manière, et d'apporter les sauces sur la table, afin que chacun prenne ce dont il a envie.

• *La viande* est le domaine dans lequel votre famille peut tirer les plus grands bénéfices du régime Berger. En effet, nous consommons trop de viandes grasses; les viandes maigres grillées préconisées par ce régime seront profitables à toute votre famille.

• *Augmentez les quantités* pour les autres membres de votre famille. La quantité d'aliments est pratiquement aussi importante que leur équilibre dans le régime Berger. Mais lorsque votre régime vous conseille 120 g de blanc de poulet, par exemple, il n'y a aucune raison de ne pas servir des portions plus copieuses aux autres personnes. Ainsi, elles seront rassasiées, et cela vous épargnera à la fois du travail et des kilos!

• *Faites de ce régime un programme de famille.* La plupart des gens sont surpris par les bénéfices que l'ensemble de leur famille peut tirer de ce régime. Après tout, c'est bien normal : c'est la possibilité pour tout le monde de se sentir plus heureux, en meilleure santé, plus mince, et plus dynamique. Il vous apporte quelque chose d'important à partager et à évoquer à table. Comme tous les projets, il est plus facile, et plus amusant, si vous pouvez le partager avec ceux que vous aimez.

LES RECETTES :
ADIEU A LA CUISINE DU PASSÉ

La variété n'est pas seulement le piment de l'existence, elle est aussi absolument indispensable dans une alimentation saine. Trop de régimes reposent sur ce que j'appelle la « cuisine du passé ». Ils sont en effet fondés sur les principes primitifs d'alimentation que nos ancêtres utilisaient : un éventail trop restreint d'aliments rudimentaires qui reviennent trop souvent.

Les recettes que j'ai étudiées comprennent une grande diversité d'ingrédients et de modes de préparation. La plupart des personnes qui suivent ce régime ont l'impression de consommer — et d'apprécier — des aliments bien plus variés que ceux qu'ils mangeaient auparavant.

Les recettes vont des plats les plus simples aux menus très fins, et sont tirées des traditions culinaires de nombreuses régions du monde : le Proche-Orient, la Grèce, la France, l'Italie, la Chine, les États-Unis. Elles sont regroupées en plusieurs catégories : bouillons et potages, aliments pour petit déjeuner, accompagnements, salades de légumes, salades de légumineuses et de graines, plats à base de légumes, plats à base de graines, assaisonnements et sauces, plats principaux et desserts.

Toutes les recettes suivent les meilleurs principes de la nutrition : riches en fibres, elles contiennent peu de sodium et de graisses et assurent un équilibre raisonnable entre les protéines et les hydrates de carbone.

Soyez rassurés, tout au long de votre régime, vos repas seront délicieux et sains.

Avant de découvrir les agréments de mes recettes, je tiens à vous parler d'une patiente tout à fait particulière. Marie B..., une jeune femme brune, petite et aux grands yeux bleus, entra dans mon bureau affligée de toutes sortes de maux — douleurs dans les bras et les épaules, gonflements des mains, tension élevée, insomnies, et quelques kilos excédentaires qui refusaient obstinément de disparaître; tout cela contribuait à saper l'énergie dont elle avait besoin pour mener de front sa vie de mère de famille et sa vie professionnelle.

— Ces deux dernières années, j'ai souffert de rhumes à répétition, m'expliqua-t-elle, et je suis victime d'une grippe tous les mois environ. Rien ne semble pouvoir m'aider.

Après avoir fait subir des tests à Marie B..., je découvris qu'elle souffrait d'une allergie grave à l'égard de six des Sept Démons de l'Alimentation, et qu'elle avait également quelques intolérances mineures vis-à-vis d'autres produits. Marie B... entreprit alors non seulement de profiter elle-même du régime Berger, mais aussi d'en faire profiter les autres en inventant certaines des recettes qui figurent dans ce livre! D'ailleurs, le mari de Marie B... suit également le régime Berger, qui lui a permis de perdre sept kilos, et surtout de se débarrasser de l'asthme dont il souffrait depuis de très nombreuses années.

Lorsque vous utiliserez ces recettes, n'oubliez pas qu'elles ont été testées trois fois : tout d'abord par une cuisinière professionnelle, puis dans une école de cuisine, et enfin par la charmante Marie B...

Quelques conseils pour vos achats

Les recettes du régime Berger font appel à des aliments faciles à se procurer et que vous trouverez le plus souvent dans votre épicerie ou votre supermarché habituel. Voici cependant quelques conseils qui faciliteront vos achats :

● Le magasin diététique le plus proche de chez vous est également très recommandé pour vous procurer vos aliments. Vous devriez en effet y trouver toutes sortes de graines, de bouillons sans additifs chimiques, du pain sans levure, de la margarine végétale et des produits dans lesquels le sucre est remplacé par du miel ou du sirop d'érable pur.

● Les magasins d'alimentation spécialisés vous proposent généralement une grande variété d'huiles, d'épices et autres ingrédients particuliers dont vous pourrez avoir besoin pour agrémenter vos recettes et leur donner de l'originalité.

● Lisez toutes les étiquettes des aliments que vous achetez. Vous serez étonné par la quantité de produits toxiques qui se dissimulent dans les aliments dit « naturels ». Il ne s'agit pas seulement des Sept Démons de l'Alimentation, mais aussi des additifs chimiques comme les conservateurs, les stabilisants, les émulsifiants, les arômes artificiels, les antioxydants, etc. Par conséquent, lisez soigneusement les étiquettes avant d'acheter.

● Vos menus doivent se composer essentiellement de produits frais de saison. Évitez autant que possible les aliments surgelés, en conserve, ou traités. Cela vous permettra d'acheter des produits qui auront toute leur saveur, et qui n'auront rien perdu de leur valeur nutritive.

● Achetez vos aliments par petites quantités. Encore une fois, cela préserve la teneur en vitamines et en minéraux de vos aliments, qui diminue après une longue période de stockage. Si vous êtes obligé d'acheter des quantités plus importantes, divisez vos aliments en portions individuelles, emballez-les soigneusement, et faites-les congeler. Pour les dégeler, laissez-les une nuit dans votre réfrigérateur avant de les préparer.

● Lorsque vous achetez du poisson, de la viande ou de la volaille crus, n'oubliez pas que le poids sera toujours plus élevé à l'achat qu'après la cuisson. Prenez donc toujours des quantités légèrement supérieures à celles qui vous sont conseillées car vous en éliminerez une part substantielle en retirant les os et les arêtes.

La même chose s'applique aux graines et aux céréales. Lorsque le régime d'élimination vous recommande une certaine quantité d'aliments, il s'agit du poids après la cuisson, et non avant.

Si vous avez soif...

Les boissons jouent un rôle important dans notre sentiment de satiété; c'est pourquoi vous devez prendre connaissance de toutes les boissons recommandées par le régime.

● Vous pourrez trouver dans les magasins diététiques et les magasins spécialisés toutes sortes de cafés ou de produits solubles à base de céréales dont le goût est très proche de celui du café.

● L'eau minérale est merveilleusement saine. Si vous optez pour de l'eau gazeuse, veillez à ce qu'elle ne contienne pas de sodium.

● Les menus contiennent tous des jus de fruits. Lorsque vous mangez des céréales au petit déjeuner sans avoir droit à du lait, vous pouvez verser sur vos céréales le jus de fruit naturel recommandé pour ce jour précis. Veillez toujours à boire des jus de fruits naturels et sans sucre.

Quelques conseils de préparation

● Retirez toute la graisse visible de votre viande, de votre poisson et de votre volaille, avant la cuisson. Retirez la peau du poulet et du dindonneau avant la préparation.

● Utilisez du bouillon pour cuire les aliments de préférence au beurre, à la margarine et aux huiles.

● Utilisez autant que possible des produits laitiers à faible teneur en matières grasses.

● Contentez-vous de la teneur naturelle des aliments en sodium pour l'arôme. A de très rares exceptions près, ces recettes n'ont pas besoin de sel.

Les ustensiles de cuisine

Si vous vous spécialisez dans les recettes du régime Berger, voici les ustensiles qui pourront vous être utiles :

● Un cuit-vapeur pour les légumes; vous trouverez toutes sortes de modèles et dans toutes les dimensions. Le cuit-vapeur préserve les nutriments essentiels de vos aliments même lors de la cuisson.

● Une poêle anti-adhésive; je vous conseille d'acheter une poêle assez lourde à revêtement anti-adhésif. Ainsi, vous aurez besoin d'une quantité moindre d'huile, de beurre ou de margarine pour préparer vos aliments.

● Un gril, soit de contact que l'on pose sur la source de chaleur, soit électrique.

Les viandes, les volailles, les poissons et les légumes grillés

Les grillades sont un mode de cuisson simple qui convient à la plupart des aliments, et elles n'exigent pas de beurre, de margarine ni d'huile.

La préparation des aliments à griller : Rincez-les à l'eau froide si nécessaire, et séchez-les. Ensuite, retirez la peau pour réduire l'importance des graisses.

Comment faire griller les aliments : Placez le gril à dix centimètres environ de la source de chaleur, et préchauffez-le. Parsemez vos aliments d'ail émincé, de jus de citron, de hachis d'oignon, et/ou d'aromates si vous le désirez; n'oubliez pas que ces ingrédients ne doivent pas revenir dans vos menus à moins de quatre jours d'intervalle. Placez vos aliments sur le gril en une seule couche; ensuite, laissez griller jusqu'à la cuisson désirée, en tournant une fois.

N'oubliez pas que le poids de la viande, de la volaille et du poisson conseillé dans les menus est le poids des aliments *après cuisson.* Lorsque vous achetez ces produits, prévoyez une marge supplémentaire pour les déchets (os, peau, graisse, cartilage) et pour l'élimination d'une petite quantité d'eau, de jus et de graisse. Par conséquent, achetez toujours des quantités de vingt-cinq à quatre-vingts grammes supérieures à celles qui sont conseillées. La qualité des ingrédients varie en fonction de leur degré de maturité et de la saison, mais voici des temps de cuisson approximatifs pour obtenir des viandes saignantes, à point et bien cuites : entre quatre minutes pour une viande saignante et dix minutes pour une viande bien cuite, pour une épaisseur de deux centimètres.

La cuisson à la vapeur des légumes et du poisson

La cuisson à la vapeur est la plus rapide et la meilleure sur le plan nutritif, pour les légumes et le poisson.

La préparation des légumes avant la cuisson : Nettoyez soigneusement vos légumes à l'eau froide et séchez-les. Coupez en petits morceaux de deux à trois centimètres les légumes fermes comme les pommes de terre, les navets, les carottes, les courges, les courgettes et les aubergines, afin de faciliter la cuisson. Détaillez les choux-fleurs et les brocolis en bouquets. Il n'est pas nécessaire de couper les légumes moins durs, comme les asperges et les haricots verts. Quant aux légumes à feuilles, comme le chou, les épinards ou la salade, vous pouvez les émincer en lanières ou laisser le cœur entier, les feuilles étant détachées. *La préparation du poisson :* Rincez le poisson à l'eau froide, puis séchez-le. Placez-le sur une grille ou un plat résistant à la chaleur. *Comment faire cuire à la vapeur :* Emplissez la partie inférieure d'eau. Chauffez jusqu'à ébullition et mettez les ingrédients dans la partie supérieure percée de trous. Laissez-les cuire jusqu'à ce qu'ils soient tendres, c'est-à-dire jusqu'à ce que vous les perciez facilement à l'aide d'une fourchette ou de la pointe aiguë d'un couteau. Retirez-les dès qu'ils sont cuits. Vous pouvez alors presser les légumes en purée ou les laisser entiers. Parsemez d'herbes aromatiques si vous le souhaitez, en n'oubliant pas que ces aromates ne doivent pas revenir dans votre menu à des intervalles de moins de quatre jours. Servez chaud, ou laissez refroidir pour confectionner plus tard un plat froid.

Les temps de cuisson suivants sont approximatifs, car les aliments varient en fonction de leur maturité et de la saison; légumes fermes : dix à vingt minutes; bouquets de brocoli et de chou-fleur : huit à dix minutes; aubergines, courges et courgettes : quatre à six minutes; maïs, haricots mango et pois : cinq à dix minutes; poissons entiers : dix à quinze minutes pour une épaisseur de deux centimètres et demi; filets de poisson : quatre à cinq minutes pour une épaisseur de un centimètre et demi. *Garniture :* Vous pouvez utiliser des herbes fraîches ou séchées, comme la ciboulette, le persil ou la sauge, sur le poisson ou les légumes cuits à la vapeur.

Attention :

Les recettes sont suivies de la mention I, II ou III (ou de plusieurs de ces chiffres) afin d'indiquer si elles conviennent à la première phase du régime (élimination), à la deuxième (réintroduction) ou à la troisième phase (entretien). Les quantités conseillées représentent la valeur d'une portion. Dans le cas où la préparation est destinée à plusieurs personnes, il suffit de diviser les quantités par le nombre de personnes pour trouver la portion individuelle.

LES BOUILLONS
ET LES POTAGES

Aucune de ces recettes ne comporte de lait de vache, de sucre de canne, d'œufs, de maïs ni de blé. Elles ne contiennent pas non plus de soja ni de levure, à l'exception du bouillon de légumes.

La plupart des bouillons en conserve que vous trouverez sur le marché contiennent des additifs chimiques et du sel. Il est donc préférable de confectionner vous-même vos bouillons afin de contrôler exactement les produits que vous consommez. Je vous conseille de faire des bouillons purs, notamment lors de la phase d'élimination du régime, sans ajouter de légumes supplémentaires, d'herbes ni d'épices. En effet, ces ingrédients risquent de revenir dans vos menus plus souvent que tous les quatre jours. Les recettes qui suivent vous permettront de confectionner très facilement des bouillons délicieux. Veillez à utiliser le bouillon de poulet le jour où le poulet figure à votre menu, le bouillon de bœuf le jour du bœuf ou du veau, etc., de manière à consommer le même aliment sous deux formes différentes dans la journée.

● Bouillon de légumes III

Pour 4 tasses

Il s'agit d'un bouillon très parfumé qui peut être substitué à n'importe quel bouillon de viande ou de volaille.

    120 g de germes de soja
    1/2 tasse de céleri haché
    3/4 de tasse de carottes hachées
    1/2 petit oignon
    12 champignons noirs chinois séchés, ou 12 champignons frais
    émincés
    4 1/2 tasses d'eau froide

Mélangez tous les ingrédients dans une casserole. Chauffez l'eau jusqu'à ébullition, puis réduisez le feu, couvrez et laissez mijoter pendant quarante-cinq minutes. Égouttez. Vous pouvez conserver ce bouillon au réfrigérateur pendant cinq jours ou au congélateur pendant deux mois.

● Bouillon de dinde I, II, III

Pour 4 tasses

**1,250 kg de blancs de dinde, coupés en petits dés de 3 cm
8 tasses d'eau froide**

1. Disposez les blancs de dinde, si possible en une seule couche, au fond d'une cocotte. Versez ensuite l'eau froide.
2. Sur feu moyen, amenez l'eau à ébullition et laissez bouillir cinq minutes. Retirez ensuite toutes les traces de graisse à la surface. Réduisez le feu et laissez mijoter deux ou trois heures. Vérifiez de temps à autre pour vous assurer que la dinde n'attache pas au fond de la cocotte et ne brûle pas. (L'eau ne doit plus bouillir après les cinq premières minutes; si elle bout et réduit trop rapidement, les huiles essentielles qui donnent son arôme au bouillon s'évaporeront, et votre bouillon sera très riche en gélatine, mais n'aura que très peu de goût.)
3. Après avoir laissé mijoter deux à trois heures, goûtez la dinde. Si elle n'a plus de goût, votre bouillon est prêt; en revanche, si elle a encore du goût, laissez mijoter jusqu'à ce que tout l'arôme de la dinde ait été absorbé par le bouillon, mais pas au-delà d'une heure de plus.
4. Lorsque le bouillon est prêt, retirez la dinde. Filtrez le bouillon dans un linge ou une toile fine. Laissez refroidir avant de le mettre au réfrigérateur, afin que le bouillon ne prenne pas un goût amer. Couvrez hermétiquement et laissez le bouillon au réfrigérateur pendant une nuit, de manière que la graisse qui reste remonte à la surface et durcisse. Retirez la graisse. Vous pouvez ensuite conserver le bouillon au réfrigérateur pendant cinq jours ou au congélateur pendant deux mois.

Variante : Vous pouvez ajouter un bouquet garni au bouillon après les cinq premières minutes d'ébullition et après avoir retiré la graisse de la surface. Vous pouvez aussi disposer les ingrédients suivants dans le linge avant de filtrer le bouillon : 1 blanc de poireau coupé et nettoyé, ou 1 petit oignon pelé; 1 grande carotte coupée en petits morceaux; 1 branche de céleri coupée en petits morceaux; 1 feuille de laurier entière; 2 branches de thym frais ou 1/2 cuillerée à café de thym séché et/ou 6 branches de persil.

● Bouillon de poulet I, II, III

Pour 4 tasses

1,250 kg de poulet coupé en petits morceaux
8 tasses d'eau froide

1. Disposez le poulet, en une seule couche si possible, au fond d'une cocotte. Puis versez l'eau froide.
2. Sur feu moyen, amenez l'eau à ébullition et laissez bouillir cinq minutes. Retirez toute la graisse visible à la surface. Ensuite réduisez le feu, et laissez mijoter deux à trois heures. Vérifiez de temps à autre pour vous assurer que le poulet n'adhère pas au fond de la cocotte et ne brûle pas. (L'eau ne doit plus bouillir après les cinq premières minutes. Si elle bout et réduit trop rapidement, les huiles essentielles qui donnent son arôme au bouillon s'évaporeront, et votre bouillon sera riche en gélatine mais n'aura pratiquement aucun goût.)
3. Après avoir laissé mijoter deux à trois heures, goûtez le poulet. S'il n'a plus de goût, le bouillon est prêt. En revanche, s'il a encore du goût, laissez mijoter jusqu'à ce que tout son arôme ait été absorbé par le bouillon, mais pas plus d'une heure supplémentaire.
4. Lorsque le bouillon est prêt, retirez le poulet. Passez le bouillon dans un linge ou une toile fine. Laissez refroidir avant de le mettre au réfrigérateur afin d'éviter tout risque d'amertume. Couvrez hermétiquement et laissez au réfrigérateur une nuit, de manière que la graisse qui reste puisse remonter à la surface et durcir. Ensuite, retirez la graisse. Vous pouvez conserver ce bouillon au réfrigérateur pendant cinq jours, ou au congélateur pendant deux mois.

Variante : Vous pouvez ajouter un bouquet garni au bouillon après les cinq premières minutes d'ébullition et après avoir retiré la graisse de la surface. Vous pouvez également disposer dans le linge un ou plusieurs des ingrédients suivants avant de passer votre bouillon : 1 blanc de poireau coupé et nettoyé, ou 1 petit oignon pelé ; 1 grande carotte coupée en petits morceaux ; 1 branche de céleri coupée en petits morceaux ; 1 feuille de laurier entière ; 2 branches de thym frais, ou 1/2 cuillerée à café de thym séché et/ou 6 branches de persil.

● **Bouillon de bœuf I, II, III**

Pour 4 tasses

1,250 kg de bœuf bourguignon coupé en petits morceaux
0,5 kg d'os de bœuf coupés
8 tasses d'eau froide

1. Disposez la viande et les os en une seule couche si possible, au fond d'une marmite. Versez l'eau froide.
2. Sur feu moyen, amenez l'eau à ébullition, et laissez bouillir cinq minutes. Retirez toutes les traces de graisse de la surface. Réduisez ensuite le feu, et laissez mijoter pendant deux à trois heures. Vérifiez de temps à autre pour vous assurer que la viande n'adhère pas au fond de la marmite et ne brûle pas. (L'eau ne doit plus bouillir après les cinq premières minutes ; si elle bout et réduit trop rapidement, les huiles essentielles qui donnent son arôme au bouillon s'évaporeront, et vous obtiendrez un bouillon riche en gélatine, mais qui n'aura pratiquement aucun goût.)
3. Après avoir laissé mijoter deux à trois heures, goûtez la viande. Si elle n'a plus de goût, votre bouillon est prêt. En revanche, si elle a encore du goût, laissez mijoter jusqu'à ce que son arôme ait été entièrement absorbé par le bouillon, mais pas plus d'une heure supplémentaire.
4. Lorsque le bouillon est prêt, retirez la viande et les os. Passez ensuite le bouillon dans un linge ou une toile fine. Laissez refroidir avant de le mettre au réfrigérateur afin d'éviter tout risque d'amertume. Couvrez hermétiquement et laissez une nuit au réfrigérateur, pour que la graisse qui

reste remonte à la surface et durcisse. Retirez ensuite la graisse. Vous pouvez conserver le bouillon au réfrigérateur pendant cinq jours, et au congélateur pendant deux mois.

Variantes : 1. Pour confectionner un bouillon de veau, utilisez 1,5 kilo d'os de veau coupés, et 0,5 kilo de viande de veau.
2. Vous pouvez ajouter au bouillon un bouquet garni après les cinq premières minutes d'ébullition, et après avoir retiré la graisse de la surface. Vous pouvez également disposer un ou plusieurs des ingrédients suivants dans le linge avant de passer votre bouillon : 1 blanc de poireau coupé et nettoyé, ou 1 petit oignon pelé; 1 grande carotte coupée en petits morceaux; 1 branche de céleri coupée en petits morceaux; 1 feuille de laurier entière; 2 branches de thym frais ou 1/2 cuillerée à café de thym séché et/ou 6 branches de persil.

• Potage aux navets et aux poireaux I, II, III

Pour 4 tasses

Ce délicieux potage aux légumes est riche et épais, et très simple à préparer. Il peut être consommé comme plat de résistance ou comme entrée, et peut être servi chaud ou glacé. Il est préférable de préparer ce potage la veille, et vous pouvez le conserver un mois au congélateur.

0,5 kg de navets pelés et coupés en morceaux
2 1/2 à 3 tasses de bouillon (de légumes, de poulet ou de veau)
1/2 tasse de blanc de poireau émincé, ou 1 oignon
1/8 de tasse de carotte ou de céleri coupé en dés
Poivre blanc moulu, noix de muscade, et épices selon goût

Garniture (facultatif)
1 cuillerée à café de coriandre hachée
1 cuillerée à café de cardamone hachée

1. Faites cuire les navets à la vapeur jusqu'à ce qu'ils soient suffisamment tendres pour que vous puissiez enfoncer facilement une fourchette, soit environ dix à douze minutes.

2. Faites mijoter le poireau ou l'oignon ainsi que la carotte ou le céleri dans deux tasses et demie de bouillon jusqu'à ce qu'ils soient tendres, environ vingt minutes. Filtrez.

3. Passez au mixer les navets, le poireau ou l'oignon, et la carotte ou le céleri pour obtenir un mélange lisse. Versez ensuite le bouillon et mélangez. (Ajoutez une demi-tasse de bouillon si vous le désirez.) Assaisonnez selon votre goût. Pour que l'arôme soit plus fort, préparez le potage la veille et placez-le au réfrigérateur dans un récipient hermétiquement clos. Servez froid ou chaud. Saupoudrez la garniture sur le potage avant de le servir.

● Potage glacé aux artichauts de Jérusalem III

Pour 4 tasses

Les artichauts de Jérusalem sont des légumes trop peu utilisés, mais délicieux, qui ne contiennent pratiquement pas de graisses mais renferment d'importantes quantités de vitamines A et C, de phosphore, de calcium, de magnésium et de fer. Ils vous permettront de réaliser un délicieux potage crémeux, sans ajouter la moindre trace de crème ni de pomme de terre. Facile à confectionner, ce potage peut être préparé à l'avance, et il est idéal pour les soirées entre amis.

0,5 kg d'artichauts de Jérusalem, pelés et coupés en petits morceaux
1 1/4 tasse de bouillon (poulet, dinde ou légumes)
3/4 de tasse de blanc de poireau coupé

Garniture
2 cuillerées à café de ciboulette fraîche coupée (facultatif)
Poivre blanc fraîchement moulu et épices selon votre goût

1. Faites cuire les artichauts de Jérusalem à la vapeur jusqu'à ce qu'ils soient tendres, soit environ dix minutes. Pendant ce temps, versez le bouillon dans une casserole, ajoutez le blanc de poireau, et laissez mijoter jusqu'à ce que le poireau soit tendre, soit environ dix minutes.

2. Réduisez les artichauts de Jérusalem en purée. Retirez les lamelles de blanc de poireau du bouillon à l'aide d'une écumoire. Réduisez-les également en purée. Mélangez les deux purées. Ajoutez petit à petit une tasse de bouillon tout en tournant. (Vous pouvez y ajouter un quart de tasse de bouillon supplémentaire si vous le désirez.) Assaisonnez selon votre goût.

Pour que votre potage ait tout son arôme, préparez-le la veille et laissez-le au réfrigérateur dans un récipient hermétiquement clos. Servez frais avec la garniture si vous le souhaitez.

LE PETIT DÉJEUNER

Toutes les recettes données dans ce chapitre excluent le maïs, le soja, le sucre de canne, le blé, la levure et le houblon, les œufs et le lait de vache.

● Galettes d'avoine III

Pour 2 personnes

Si vous aimez le goût de l'avoine, vous apprécierez ce petit déjeuner nourrissant : les grains d'avoine, crémeux à l'intérieur et dorés à l'extérieur, sont riches en fibres. Vous pouvez y ajouter du sirop d'érable tiède ou du miel d'acacia liquide.

1 tasse de grains d'avoine
1/8 de tasse de bicarbonate de soude
2 1/2 cuillerées à soupe de margarine végétale
1/4 de tasse d'eau bouillante

Garniture (facultatif)
1/3 de tasse de sirop d'érable (tiède)
ou 1/4 de tasse de miel

1. Dans un mixer, broyez grossièrement les grains d'avoine. Versez-les dans un saladier et ajoutez le bicarbonate de soude.
2. Faites fondre deux cuillerées à soupe de margarine, versez-les dans l'avoine et mélangez soigneusement. Versez lentement l'eau bouillante, sans cesser de remuer et en décollant le mélange des parois du saladier, jusqu'à ce que le mélange épaississe. Laissez reposer trois minutes.
3. Pendant ce temps, faites chauffer une poêle antiadhésive ou un gril. Faites-y fondre le reste de la margarine.

Prenez six cuillerées de votre mélange et mettez-les dans la poêle en les écrasant pour former des galettes de quatre ou cinq millimètres d'épaisseur. Laissez cuire à petit feu jusqu'à ce que les galettes soient croustillantes et dorées, soit environ cinq à sept minutes. Retournez et faites cuire de l'autre côté. Servez chaud.

• Galettes de sarrasin au cassis III

Pour 4 personnes

Un petit déjeuner nourrissant et délicieux.

1 tasse de farine de sarrasin
3/4 de cuillerée à café de crème de tartre
1/2 cuillerée à café de bicarbonate de soude
4 cuillerées à soupe de margarine végétale
1 1/2 à 2 tasses d'eau bouillante

Garniture (facultatif)
3/4 de tasse de cassis frais
1/3 de tasse de miel.

1. Versez la farine, la crème de tartre et le bicarbonate de soude dans un saladier.
2. Faites fondre trois cuillerées à soupe de margarine, versez dans la farine et mélangez soigneusement.
3. Versez lentement une tasse et demie d'eau bouillante sans cesser de remuer et de détacher la préparation des parois du saladier, jusqu'à ce que le mélange épaississe. Ajoutez une demi-tasse d'eau bouillante si nécessaire. Le mélange doit avoir la consistance d'un miel épais. Si vous utilisez le cassis, ajoutez-le à ce moment au mélange, ou gardez-le pour le disposer sur les galettes juste avant de servir.
4. Faites chauffer une grande poêle anti-adhésive et faites-y fondre une cuillerée à café et demie de margarine.
5. Pour chaque galette, versez environ trois cuillerées à soupe de mélange dans la poêle. Lissez de manière que la galette ait moins d'un centimètre d'épaisseur. Baissez le feu et laissez cuire les galettes cinq à six minutes, jusqu'à ce que les bords deviennent dorés et le centre gonflé. Les

galettes sont prêtes à être retournées lorsqu'elles glissent facilement dans la poêle.

6. Retournez-les. Laissez cuire encore trois ou quatre minutes. Les galettes sont prêtes lorsque le centre se regonfle après que vous l'avez pressé à l'aide d'une cuiller. Déposez-les dans un plat et gardez-les au chaud dans un four à 90 °C. Préparez ensuite les autres galettes de la même manière.

7. Servez avec du miel ou du cassis.

LES ACCOMPAGNEMENTS

Aucune de ces deux recettes ne comporte de maïs, de soja, de sucre de canne, d'œuf, de blé, de levure ou de houblon, ni de lait de vache.

● Fromage aux herbes III

Pour 4 personnes

Le fromage frais de brebis ou de chèvre peut être accommodé de diverses manières. Dans cette recette, il est accompagné d'herbes qui lui donnent une saveur particulière. Idéal pour les réceptions, ce plat peut être préparé à l'avance et conservé au réfrigérateur pendant cinq jours.

1 cuillerée à café de thym frais ou 1/4 de cuillerée à café de thym séché
1 cuillerée à café d'origan frais, ou 1/4 de cuillerée à café d'origan séché
225 g de fromage frais de brebis ou de chèvre coupé en tranches fines ou en petits dés.

1. Mettez le fromage dans un récipient étroit et profond, et parsemez d'herbes.
2. Fermez hermétiquement et laissez au réfrigérateur entre quatre et vingt-quatre heures avant de servir.

● Purée d'aubergines III

Pour 2 personnes
Il s'agit d'une recette du Proche-Orient, qui peut faire un excellent hors-d'œuvre ou un accompagnement délicieux. Cette crème de légumes ne contient que très peu de calories, mais sa saveur est très riche.

   0,5 kg d'aubergine
   1/8 de cuillerée à café d'ail émincé
   2 1/3 cuillerées à café de jus de citron frais
   1 cuillerée à soupe de graines de sésame hachées
   1 généreuse pincée de cumin (facultatif)

1. Épluchez l'aubergine et coupez-la en tranches dans le sens de la longueur.
2. Faites-les griller à une dizaine de centimètres de la source de chaleur pendant dix minutes en les retournant à mi-cuisson.
3. Déposez les tranches sur un papier absorbant et épongez-les.
4. Passez-les au mixer avec l'ail. Ajoutez le jus de citron et les graines de sésame; mélangez soigneusement (si vous utilisez du cumin, ajoutez-le alors).
5. Laissez au réfrigérateur entre deux et vingt-quatre heures avant de servir.

LES SALADES DE LÉGUMES

Ces recettes ne comportent ni maïs, ni soja, ni sucre de canne, ni œuf, ni blé, ni lait de vache. Elles ne contiennent pas non plus de levure ni de houblon à l'exception de la salade de poireau et de poivron rouge, et de la salade de betterave chaude.

● Salade de céleri-rave croustillante III

Pour 2 personnes

Le céleri-rave est particulièrement savoureux en salade, accompagné de graines de tournesol. Ce mélange vous offrira une excellente salade légère.

2 cuillerées à soupe de jus de citron frais
2 tasses (120 g) de céleri-rave épluché et coupé en dés
2 cuillerées à soupe de graines de tournesol grillées

Versez le jus de citron sur le céleri-rave et mélangez. Saupoudrez de graines de tournesol.

● Salade de potiron au sésame III

Pour 2 personnes

Un soupçon de gingembre et de sésame donne un parfum oriental à ce mélange inhabituel de légumes. Un plat nourrissant qui peut tenir lieu de repas, mais également accompagner du poulet, de la dinde, du veau ou du poisson.

1 tasse de potiron cuit au four
1 tasse de courgette coupée en rondelles minces
1/2 tasse de carotte coupée en rondelles minces
2 à 3 cuillerées à soupe d'échalotes émincées
3/4 de cuillerée à café de gingembre frais émincé (facultatif)
1 1/2 cuillerée à café de jus de citron
1 cuillerée à café d'huile de sésame
1 cuillerée à café d'huile

1. Mélangez le potiron, les rondelles de courgette et de carotte, les échalotes et le gingembre dans un saladier.
2. Versez le jus de citron dans un autre récipient. Mélangez les huiles. Versez lentement les huiles dans le jus de citron, sans cesser de remuer jusqu'à ce que le mélange soit épais.
3. Ajoutez cet assaisonnement aux légumes et mélangez. Servez moins de deux heures plus tard, pour que les légumes ne perdent pas leur saveur croquante. Si vous ne servez pas immédiatement, placez au réfrigérateur.

■ Pour cuire au four du potiron, coupez-le en deux horizontalement et mettez dans un four à 200 °C pendant une heure environ (la chair doit être tendre). Retirez du four et laissez refroidir. Retirez la pulpe à l'aide d'une fourchette. Vous pouvez servir le reste du potiron au naturel ou sauté. Servez immédiatement ou laissez au réfrigérateur et réchauffez avant de servir.

• Salade de poireau et de poivron rouge II, III

Pour 2 personnes

On voit rarement un nombre si restreint d'ingrédients offrir un mélange aussi délicieux et savoureux. Ces légumes sont très rapidement sautés de sorte qu'ils conservent leurs nutriments : potassium, vitamines A et C. Cette salade est particulièrement succulente avec un plat de volaille ou de viande rôtie ou un poisson poché servi froid.

1 cuillerée à café d'huile
1 1/2 cuillerée à café d'ail finement émincé

2 tasses de blanc de poireau coupé en petits dés
1 tasse de poivron rouge coupé en lamelles fines
2 cuillerées à café de vinaigre de vin rouge

1. Faites chauffer une poêle anti-adhésive et versez-y l'huile. Ajoutez l'ail et laissez blondir à feu doux pendant une minute, ou jusqu'à ce que l'odeur soit forte (retirez l'ail plus tôt à l'aide d'une écumoire si vous souhaitez un arôme moins fort).
2. Ajoutez les poireaux et laissez cuire jusqu'à ce que la couleur en soit légèrement dorée. Ajoutez alors le poivron et laissez cuire une minute en mélangeant.
3. Versez le vinaigre sur les légumes et laissez cuire trente à soixante secondes ou jusqu'à ce que les vapeurs aient été absorbées.
4. Versez dans un saladier et laissez refroidir. Fermez hermétiquement et placez au réfrigérateur pendant deux à vingt-quatre heures. Remuez une fois pour que l'assaisonnement soit bien réparti.

● Salade de betterave chaude II, III

Pour 4 personnes

Cette salade de betterave chaude servie avec des feuilles de betterave sautées permet d'utiliser un aliment avec un minimum de déchet. On ne se sert que très rarement des feuilles de betterave, or elles ont un parfum délicieux. Ce plat est merveilleux car il est savoureux, économique et nourrissant à la fois.

2 tasses de betteraves fraîches cuites à la vapeur *
3 cuillerées à soupe d'assaisonnement vinaigrette à la moutarde (page 155)
3 tasses de feuilles de betterave (sans tiges)
1 cuillerée à café de margarine végétale

1. Pelez et coupez en petites tranches fines les betteraves cuites à la vapeur alors qu'elles sont encore chaudes. Arrosez de vinaigrette et laissez de côté.

2. Faites bouillir de l'eau dans une casserole, et versez-y les feuilles de betterave. Laissez vingt secondes, puis égouttez.

3. Chauffez une poêle anti-adhésive, faites-y fondre la margarine et faites sauter les feuilles de betterave pendant deux minutes. Il faut qu'elles soient légèrement ramollies, sans avoir perdu leur couleur vive.

4. Disposez les feuilles de betterave en couronne sur les assiettes. Placez les betteraves au centre et servez.

■ **Achetez des betteraves nouvelles (850 g ou 6 à 8 betteraves moyennes), avec leurs feuilles. Choisissez les feuilles les plus jeunes et les plus rigides que vous pourrez trouver; évitez les feuilles qui sont molles ou qui commencent à se flétrir.**

LES SALADES DE LÉGUMES, CÉRÉALES ET LÉGUMINEUSES

Toutes les salades de ce chapitre excluent le soja, le sucre de canne, les œufs, le blé, la levure et le houblon. Par ailleurs, elles ne comportent pas non plus de maïs ni de produits à base de lait de vache à l'exception de la salade mexicaine de haricots qui contient du fromage à moins que vous n'en supprimiez la garniture.

• Salade de haricots rouges et de riz III

Pour 2 à 4 personnes

Cette association de haricots rouges et de riz est riche en protéines, en phosphore et en potassium, et ne contient que peu de graisse. Cette salade peut constituer un repas en elle-même et c'est également un excellent accompagnement pour les rôtis de veau ou d'agneau, chauds ou froids.

> 2 tasses (1 boîte de 500 g) de haricots rouges cuits
> 1 tasse de riz brun long cuit (1/3 de tasse de riz cru)
> 2 cuillerées à soupe d'oignon haché
> 1/2 tasse de poivron coupé en dés
> 1/2 cuillerée à café d'ail émincé
> 3/4 de cuillerée à café de coriandre hachée
> 1/2 cuillerée à café de cumin haché
> Poivre noir fraîchement moulu selon goût
> 1 1/2 cuillerée à café de jus de citron
> 1 cuillerée à café d'huile

1. Mélangez les haricots rouges, le riz, les légumes et les condiments dans un saladier. Versez le jus de citron dans un autre saladier. Ajoutez-y lentement l'huile, sans cesser de remuer, jusqu'à ce que le mélange épaississe.

2. Ajoutez l'assaisonnement aux légumes et mélangez. Fermez hermétiquement et laissez au réfrigérateur au moins deux heures; remuez une fois. Cette salade peut être conservée deux jours au réfrigérateur.

● Salade de légumes au riz II, III

Pour 4 personnes

Cette salade vous permettra d'utiliser les légumes ou le riz qui vous restent de vos autres recettes. Légère et rafraîchissante, elle est particulièrement savoureuse lorsqu'elle accompagne un poisson poché. Elle constitue un excellent repas végétarien facile à emporter au bureau dans un récipient en plastique.

1 1/2 tasse de riz brun long cuit (1/2 tasse de riz cru)
1/3 de tasse de tomate hachée
1/3 de tasse de radis en dés
1/3 de tasse de concombre en dés
2 cuillerées à soupe d'échalotes hachées
2 cuillerées à soupe d'assaisonnement au jus de tomate (page 153)

Garniture (facultatif)
Persil frais haché ou feuilles de coriandre entières.

1. Mélangez le riz et les légumes dans un saladier; ajoutez l'assaisonnement et remuez.
2. Couvrez hermétiquement et laissez au réfrigérateur entre deux et vingt-quatre heures, pour que les arômes se mélangent. Remuez une fois. Si vous le désirez, ajoutez le persil ou la coriandre avant de servir.

Variantes : 1. Cette salade peut s'accommoder de manières très différentes selon votre goût. Vous pouvez substituer aux légumes indiqués des olives noires, des courgettes, des poivrons verts et des asperges. N'oubliez pas cependant que la proportion est d'une tasse de légumes frais pour une tasse et demie de riz cuit.
2. Vous pouvez ajouter des herbes pour varier le goût de cette salade. Utilisez 1 cuillerée à café de thym frais, de

basilic ou d'origan, ou 1/4 de cuillerée à café de ces mêmes herbes séchées.

3. Vous pouvez remplacer le riz par de l'orge perlé. Prenez une tasse et demie d'orge perlé cuit (une demi-tasse d'orge perlé cru).

● Salade mexicaine de haricots II, III

Pour 2 personnes

Cette salade est originale et délicieuse. Vous pouvez la servir avec du poulet grillé ou cuit au barbecue.

2 tasses (1 boîte de 500 g) de haricots blancs cuits
1/2 tasse de poivron vert en dés
1/2 tasse de petites tomates hachées
4 cuillerées à café d'oignon ou d'échalote émincé
2 cuillerées à café de piment rouge frais coupé en lamelles (facultatif)
1/2 cuillerée à café d'ail émincé
1/4 de cuillerée à café de coriandre hachée
1/8 de cuillerée à café de cumin haché
1/4 de cuillerée à café de zeste de citron haché
1 1/2 cuillerée à café de jus de citron

Garniture (facultatif)
1/2 tasse (120 g) de fromage frais de chèvre ou de brebis ou de mozzarella

1. Mélangez tous les ingrédients, sauf le jus de citron. Servez immédiatement ou couvrez hermétiquement et laissez quelques heures au réfrigérateur. Remuez une fois pour que les épices soient réparties de manière égale.
2. Si vous utilisez la garniture, ajoutez le fromage sur la salade juste avant de servir.

● Salade de haricots blancs I, II, III

Pour 2 personnes

Cette salade est économique et très nourrissante avec son bon équilibre entre les protéines et les hydrates de carbone.

Vous pouvez la préparer à l'avance et elle est parfaite pour les pique-niques.

2 tasses (1 boîte de 500 g) de haricots blancs ou de flageolets cuits
1/3 de tasse de poivron rouge en dés
1/3 de tasse de poivron vert en dés
1 cuillerée à soupe d'oignon ou d'échalote finement émincé
1/2 cuillerée à café d'ail émincé
2 cuillerées à soupe d'assaisonnement au citron (page 155)
Poivre noir fraîchement moulu selon goût

1. Mélangez tous les ingrédients dans un grand saladier.
2. Assaisonnez à votre goût. Couvrez hermétiquement et placez au réfrigérateur. Il est préférable de laisser mariner cette salade pendant quelques heures afin que les arômes se mêlent. Vous pouvez la conserver deux jours au réfrigérateur.

● Délice végétarien III

Pour 2 à 4 personnes

Ce mélange de petits pois, de riz et d'épinards constitue un excellent plat, aussi délicieux que nourrissant.

2 tasses (1 boîte de 500 g) de petits pois cuisinés au naturel
3/4 de tasse de riz brun long cuit (1/4 de tasse de riz cru)
2 cuillerées à soupe d'oignon haché
1 tasse d'épinards frais hachés
1/2 tasse de poivron en dés
1/2 cuillerée à café d'ail émincé
3/4 de cuillerée à café de coriandre moulue
1/2 cuillerée à café de cumin moulu
1 1/2 cuillerée à café de jus de citron
Poivre noir fraîchement moulu

1. Dans une poêle anti-adhésive, faites chauffer ensemble les petits pois, le riz, les légumes, l'ail et les épices.
2. Versez le jus de citron sur le mélange chaud et remuez. Assaisonnez selon votre goût avec du poivre noir. Servez immédiatement.

● Salade de taboulé I, II, III

Pour 4 personnes

Le taboulé se fait généralement avec de la semoule de blé, mais l'orge perlé utilisé ici donne à cette salade un goût délicieux et croustillant. Le taboulé est très nourrissant, riche en phosphore, en potassium, en calcium, et en vitamines A et C. Vous pouvez le préparer à l'avance, et c'est un plat idéal pour les pique-niques.

1 1/2 tasse d'orge perlé cuit (1/2 tasse d'orge cru)
1/4 de tasse de poivron rouge coupé en dés
1/4 de tasse de poivron vert coupé en dés
1/4 de tasse de concombre pelé et coupé en dés
3 cuillerées à soupe d'échalotes hachées
3 cuillerées à soupe de persil haché
1/4 de tasse de petites tomates coupées en dés
4 cuillerées à soupe d'assaisonnement au jus de tomate (page 153)
Poivre noir fraîchement moulu selon goût.

1. Disposez tous les ingrédients dans un saladier, ajoutez l'assaisonnement au jus de tomate et le poivre. Mélangez.
2. Laissez au réfrigérateur au moins une heure. Remuez une fois. La salade de taboulé peut se conserver deux jours au réfrigérateur.

LES LÉGUMES

Toutes les recettes de ce chapitre excluent le maïs, le soja, le sucre de canne, les œufs, le lait de vache et le blé. Elles ne comportent pas non plus de levure ni de houblon, à l'exception des légumes d'été sautés à la coriandre et au basilic.

● Scarole braisée III

Pour 2 personnes

Cet accompagnement délicieux et rapide à préparer est excellent avec le poulet et le poisson.

2 cuillerées à café d'huile
1/4 de tasse d'échalotes finement émincées
2 cuillerées à café d'ail finement émincé
4 tasses (240 g) de scarole coupée en petites lamelles.

Chauffez une poêle anti-adhésive et versez-y l'huile. Faites revenir les échalotes et l'ail pendant quinze secondes. Ajoutez la scarole et laissez sauter pendant environ une à deux minutes, jusqu'à ce que la salade ramollisse légèrement. Couvrez et laissez mijoter sur feu doux pendant trois à cinq minutes, jusqu'à ce que la salade soit un peu plus molle. Si la scarole devient trop sèche, vous pouvez ajouter deux à quatre cuillerées à soupe d'eau ou de bouillon pour éviter qu'elle ne brûle.

● Légumes d'été sautés à la coriandre et au basilic III

Pour 4 personnes

Ce mélange de légumes se caractérise par ses belles couleurs et sa saveur croustillante. La cuisson à la poêle permet de conserver la couleur, la texture et les nutriments, et les arômes sont accentués par la coriandre et le basilic frais. Un excellent accompagnement pour les plats à base de poulet ou de poisson.

2 cuillerées à café d'huile
1 tasse de courgettes non pelées coupées en tout petits dés
1 tasse de chair de courge coupée en tout petits dés
1 1/4 tasse de poivron rouge coupé en dés
1 tasse d'oignons en dés
1/8 de tasse d'ail coupé en tranches (pour un arôme léger) ou finement émincé (pour un arôme fort)
2 cuillerées à café de coriandre moulue
1/3 de tasse de basilic frais coupé en lamelles, ou 3/4 de cuillerée à café de basilic séché
1/8 de tasse de vinaigre de vin rouge

1. Faites chauffer une poêle anti-adhésive et versez-y l'huile. Ajoutez les courgettes et laissez cuire pendant deux minutes. Ajoutez la courge et laissez cuire une minute. Ajoutez le poivron rouge et laissez cuire quarante-cinq secondes. Ajoutez l'oignon et laissez cuire quinze secondes.
2. Ajoutez l'ail et laissez cuire environ quinze secondes, jusqu'à ce que l'arôme se dégage. Ajoutez ensuite la coriandre, et poursuivez la cuisson jusqu'à ce que les légumes soient juste tendres, soit pendant quatre à cinq minutes environ en remuant souvent.
3. Ajoutez le basilic, puis le vinaigre et laissez cuire jusqu'à ce que les vapeurs du vinaigre aient disparu, soit environ dix secondes. Le temps total de cuisson doit être d'environ huit minutes. Retirez du feu. Servez chaud ou tiède.

● Gombos sautés I, II, III

Pour 2 personnes

Ces petits légumes verts ne sont pas toujours assez appréciés, peut-être en raison de leur aspect un peu visqueux lorsqu'on les cuit à l'eau ou à la vapeur. Sautés, vous les trouverez sûrement délicieux. C'est un ami qui m'a appris cette recette qui rend les gombos très tendres à l'intérieur et légèrement croustillants à l'extérieur. Les gombos ne contiennent que très peu de calories, mais sont riches en vitamine A, en potassium et en calcium. Les gombos sautés constituent un excellent accompagnement pour les rôtis, ainsi que pour toutes les grillades de bœuf, de volaille et de poisson.

2 tasses de gombos épluchés et coupés en petites tranches
1/8 de tasse de farine (d'avoine ou de seigle)
Poivre blanc fraîchement moulu selon goût
2 cuillerées à café de margarine végétale

1. Roulez les gombos dans la farine et poivrez selon votre goût.
2. Faites chauffer une poêle anti-adhésive et faites-y fondre la margarine. Sur feu assez vif, faites sauter les gombos pendant huit à dix minutes, en remuant souvent.

● Petits pois sautés aux châtaignes d'eau I, II, III

Pour 2 personnes

Ces deux légumes possèdent un goût naturellement doux qui se marie très agréablement avec le poisson, le poulet, le rosbif et le steak.

2 tasses de petits pois
1 1/2 cuillerée à café d'huile
1/4 de tasse (4) de petites châtaignes d'eau fraîches ou en conserve
Poivre blanc fraîchement moulu selon le goût.

1. Rincez les petits pois et écossez-les.
2. Faites chauffer une poêle anti-adhésive et versez-y l'huile. Ajoutez les pois et laissez cuire vingt secondes. Ensuite, ajoutez les châtaignes d'eau et laissez cuire trente secondes, jusqu'à ce que les légumes soient légèrement tendres sans avoir perdu leur croquant. Ajoutez le poivre blanc selon votre goût et servez.

• Carottes à la ciboulette cuites à la vapeur III

Pour 2 personnes

Ces carottes, juste tendres et parfumées par la ciboulette, constituent un plat léger et rafraîchissant, particulièrement savoureux avec du poulet ou du poisson. Les carottes, merveilleuses sources de vitamine A, sont également riches en potassium, et la cuisson à la vapeur permet de préserver leur goût délicieux ainsi que leurs nutriments.

2 tasses de carottes (6 moyennes)
Poivre blanc fraîchement moulu selon goût
1 cuillerée à soupe de ciboulette fraîche ou 1 1/4 cuillerée à café de ciboulette séchée

1. Faites cuire les carottes à la vapeur jusqu'à ce qu'elles soient tendres. Le temps de cuisson doit être d'environ dix minutes pour des carottes nouvelles, et de dix-huit minutes pour des carottes d'hiver.
2. Disposez les carottes sur un plat et saupoudrez de ciboulette. Poivrez selon votre goût.

• Purée de carottes sur lit de poireaux III

Pour 2 personnes

Un plat de belle présentation, parfait pour les réceptions, qui accompagne très bien le bœuf, le veau ou le poisson, mais qui peut également constituer un repas à lui seul. De plus, il est riche en potassium et en vitamine A.

1 1/3 tasse de carottes brossées et lavées, mais non pelées, coupées en petits morceaux
1 1/3 tasse de blancs de poireau coupés en rondelles de 1 cm environ
2 cuillerées à café de margarine végétale
Poivre blanc fraîchement moulu, et noix de muscade selon goût

Garniture (facultatif)
2 cuillerées à soupe de ciboulette ou de persil fraîchement haché

1. Faites cuire les carottes à la vapeur jusqu'à ce que le centre soit juste tendre lorsque vous le piquez à l'aide d'une fourchette. (Le temps de cuisson est d'environ dix minutes pour des carottes nouvelles et de dix-huit minutes pour des carottes d'hiver.) Réduisez en purée au mixer. Assaisonnez selon votre goût, et gardez au chaud.
2. Chauffez une poêle anti-adhésive et faites fondre la margarine. Faites sauter les poireaux pendant quatre ou cinq minutes sur feu moyen, jusqu'à ce qu'ils soient juste tendres et légèrement ramollis, sans perdre leur couleur vive. Assaisonnez selon votre goût.
3. Sur des assiettes individuelles, disposez une couronne de poireaux et placez la purée de carottes au centre. Garnissez en saupoudrant de persil ou de ciboulette hachée.

Variante : Vous pouvez remplacer les carottes par des navets (1 tasse 1/3), car ils sont riches en potassium.

● Asperges à l'estragon cuites à la vapeur I, II, III

Pour 2 personnes

Les asperges, ce bienfait du printemps, sont meilleures lorsqu'elles sont préparées simplement. L'estragon leur donne un arôme particulièrement délicieux. Elles sont une bonne source de vitamine E.

240 g (10 tiges épaisses ou 16 tiges fines) d'asperges fraîches
4 cuillerées à café d'estragon frais ou 1 1/2 cuillerée à café d'estragon séché
Poivre blanc fraîchement moulu selon goût

1. Lavez et épluchez les asperges.
2. Faites-les cuire à la vapeur jusqu'à ce qu'elles soient juste tendres (quatre à six minutes environ pour des tiges fines, et huit à dix minutes pour des tiges épaisses).
3. Pour servir, saupoudrez d'estragon.

● Tomate grillée aux herbes I, II, III

Pour 2 personnes

Cette cuisson fait ressortir le parfum délicieux de la tomate mûre, et les herbes contribuent à en faire un accompagnement idéal pour le poisson grillé, les volailles et les viandes. De plus, les tomates sont très riches en vitamine A et contiennent d'importantes quantités de potassium.

1 grosse tomate mûre
2 cuillerées à café de romarin, d'origan et/ou de basilic frais ou
1/2 cuillerée à café d'herbes séchées
Poivre noir fraîchement moulu selon goût

1. Coupez la tomate en deux horizontalement. Ne la pelez pas et ne retirez pas le cœur. Frottez les herbes sur la surface coupée des deux moitiés. Ajoutez le poivre si vous le souhaitez. Placez le gril à dix centimètres de la source de chaleur, et faites-le préchauffer.
2. Disposez une feuille de papier d'aluminium au fond d'un moule à tarte ou à gâteau. Posez les deux moitiés de la tomate sur le papier, les faces coupées étant tournées vers le haut.
3. Laissez griller pendant cinq à huit minutes.

● Poivron rouge grillé I, II, III

Pour 2 personnes

Servez ce plat simple et savoureux avec les poissons, les viandes ou les volailles grillés.

2 gros poivrons rouges

1. Placez le gril à dix centimètres de la source de chaleur, et faites-le préchauffer.
2. Retirez la tige, les pépins et le cœur des poivrons et coupez-les en quartiers dans le sens de la longueur.
3. Disposez les poivrons sur le gril, la partie creuse tournée vers la source de chaleur, et faites griller pendant trois minutes. Retournez-les et laissez de nouveau cuire trois

minutes. (Les poivrons rouges ne doivent pas être trop cuits, car ils seraient alors trop mous. Ils doivent rester légèrement croquants.)

● Oignon grillé I, II, III

Pour 2 personnes

Les oignons sont riches en phosphore, en potassium, en magnésium, en calcium et en amino-acides, et contiennent très peu de calories.

1 gros oignon pelé

1. Coupez l'oignon en deux dans le sens vertical. Coupez ensuite les deux moitiés d'oignon en petites tranches de deux centimètres d'épaisseur. Séparez les tranches.
2. Placez le gril à dix centimètres de la source de chaleur, et faites-le préchauffer.
3. Disposez les tranches d'oignon en une seule couche et laissez griller cinq à sept minutes, jusqu'à ce que l'oignon prenne une couleur dorée, tout en restant croquant. Retournez les tranches une fois en cours de cuisson. Servez sans laisser attendre.

● Aubergine grillée I, II, III

Pour 2 personnes

Pour rompre la routine, essayez de faire griller l'aubergine au lieu de la faire sauter ou frire. Après cuisson, vous pouvez réduire l'aubergine en purée pour obtenir une crème riche en goût mais pas en calories.

1 aubergine moyenne, épluchée et coupée en quatre dans le sens de la longueur
Origan frais ou séché selon le goût
Cumin moulu et poivre blanc selon le goût
Jus de citron frais selon le goût

1. Placez le gril à dix centimètres de la source de chaleur et faites-le préchauffer.

2. Faites griller les quartiers d'aubergine pendant dix à quinze minutes en les tournant une fois. L'aubergine est prête lorsque sa chair est tendre et laisse échapper de l'eau en surface. Servez ainsi ou égouttez l'aubergine; séchez-la dans un linge avant de la réduire en purée. Assaisonnez selon votre goût et servez.

• Chou sauté aux oignons I, II, III

Pour 2 personnes

Le chou est un légume souvent peu apprécié et mal utilisé car on le cuisine pendant des heures avant de le servir sous forme de potée, de choucroute ou de chou farci. Pourtant, le chou est délicieux lorsqu'il est préparé rapidement de manière à conserver son croquant. Si vous n'avez jamais fait de chou sauté, essayez cette recette. Elle contient très peu de calories, mais beaucoup de vitamine A, de potassium et de calcium.

1 cuillerée à soupe de margarine végétale
2 1/2 tasses de chou coupé en petites lamelles de 1 cm d'épaisseur
1/2 tasse de tranches d'oignon de 5 mm d'épaisseur
Poivre noir ou blanc fraîchement moulu selon goût

1. Chauffez une poêle anti-adhésive et faites fondre la margarine.
2. Ajoutez le chou et laissez sauter pendant cinq minutes sur feu moyen, jusqu'à ce que le chou ramollisse légèrement. Ajoutez l'oignon et laissez sauter pendant cinq minutes, jusqu'à ce que l'oignon soit doré et ramolli. Assaisonnez selon votre goût.

LES CÉRÉALES

Toutes les recettes de ce chapitre excluent le maïs, le lait de vache et le sucre de canne. Elles ne contiennent pas d'œufs, à l'exception des pâtes au seigle. Elles ne contiennent pas non plus de soja, ni de levure ou de houblon, à l'exception du riz frit aux huit saveurs.

● Millet bouilli I, II, III

Pour 1 personne

Le millet a un goût qui se situe entre celui du blé et celui du maïs. Il est excellent chaud sous forme de céréales au petit déjeuner ou comme accompagnement pour les ragoûts et les rôtis, et il est riche en protéines, en phosphore, en potassium, en calcium, en fer et en magnésium.

1/3 de tasse de millet cru complet
1 1/8 tasse d'eau

Versez une tasse d'eau et le millet dans une casserole. Chauffez jusqu'à ébullition, puis réduisez le feu et laissez mijoter deux ou trois minutes. Couvrez et laissez cuire vingt-cinq à trente minutes, jusqu'à ce que le millet soit tendre. Remuez de temps à autre pour empêcher le millet d'attacher à la casserole. (Vous pouvez ajouter un huitième de tasse d'eau si nécessaire au cours de la cuisson.)

● Orge perlé bouilli I, II, III

Pour 1 personne

L'orge perlé bouilli remplace le riz et les pâtes au froment. Vous pouvez également l'utiliser comme accompagnement pour les viandes rôties, les salades et les potages. L'orge est riche en protéines, en phosphore, en potassium, en calcium et en magnésium.

1/3 de tasse d'orge perlé cru
1 1/4 tasse d'eau + 1/2 tasse d'eau si nécessaire

Versez une tasse et quart d'eau et l'orge dans une petite casserole. Chauffez jusqu'à ébullition, réduisez le feu, et laissez cuire deux ou trois minutes. Couvrez et laissez mijoter vingt-cinq à trente minutes, jusqu'à ce que l'orge soit tendre. Remuez de temps à autre pour empêcher l'orge d'attacher à la casserole (vous pouvez ajouter une demi-tasse d'eau si nécessaire au cours de la cuisson).

• Sarrasin bouilli ou kacha I, II, III

Pour 1 personne

Le sarrasin peut être servi au petit déjeuner, ou comme accompagnement. Il est riche en potassium, en magnésium, et contient très peu de graisses.

1/2 tasse de grains de sarrasin cru
1 1/4 tasse d'eau ou de bouillon (poulet, dinde, bœuf, veau, légumes) et 1/4 de tasse supplémentaire si nécessaire

Versez une tasse et quart d'eau ou de bouillon et le sarrasin dans une petite casserole. Chauffez le liquide jusqu'à ébullition, puis réduisez le feu et laissez cuire trois à cinq minutes, jusqu'à ce que le sarrasin soit tendre. Remuez de temps à autre pour empêcher le sarrasin d'attacher à la casserole. (Vous pouvez ajouter un quart de tasse d'eau ou de bouillon supplémentaire si nécessaire lors de la cuisson.)

• Riz brun long bouilli I, II, III

Pour 1 personne

Le riz brun est simplement du riz qui a gardé sa cosse. Plus nutritif que le riz blanc, le riz brun est riche en protéines, en phosphore, en potassium, en calcium, en magnésium et en sélénium.

1/3 de tasse de riz brun long cru
1 1/4 tasse d'eau, et 1/8 de tasse d'eau supplémentaire si nécessaire

Versez une tasse et quart d'eau et le riz dans une petite casserole. Chauffez jusqu'à ébullition, réduisez le feu, et laissez cuire deux ou trois minutes. Couvrez et laissez mijoter vingt-cinq à trente minutes, jusqu'à ce que le riz soit tendre. Remuez de temps à autre pour empêcher le riz d'attacher à la casserole. (Vous pouvez ajouter un huitième de tasse d'eau supplémentaire au cours de la cuisson si nécessaire.)

● Riz frit aux huit saveurs III

Pour 2 personnes

Cette version de la fameuse recette du riz à la cantonaise vous permet d'utiliser des restes de riz pour préparer un plat d'excellente qualité nutritionnelle grâce à un très bon équilibre entre les protéines, les graisses et les hydrates de carbone.

2 tasses de riz brun long cuit
3 champignons noirs chinois, trempés dans l'eau chaude et essorés puis hachés, ou 3 champignons frais émincés
3 grosses châtaignes d'eau hachées, fraîches ou en conserve
1/4 de tasse de petits pois crus
2 échalotes coupées en lamelles épaisses
1/2 tasse de haricots blancs en conserve, bien égouttés
1 1/2 cuillerée à soupe d'huile
1/2 tasse de chou rouge ou de céleri finement émincé
1/2 tasse de poulet haché, sans os et sans peau
6 grosses crevettes crues, décortiquées et hachées grossièrement
5 cuillerées à soupe de sauce vinaigrette (facultatif)
Poivre blanc fraîchement moulu selon goût

1. Mélangez les champignons, les châtaignes d'eau et les pois. Mélangez les échalotes et les haricots.

2. Faites chauffer une poêle anti-adhésive, et versez-y l'huile. Ajoutez les champignons, les châtaignes d'eau et les pois, et laissez cuire vingt secondes. Ajoutez le chou rouge ou le céleri et laissez cuire dix secondes. Ajoutez le poulet, et laissez cuire jusqu'à ce qu'il perde sa couleur rose, soit environ dix secondes. Ajoutez les crevettes et laissez cuire jusqu'à ce qu'elles deviennent roses, soit environ dix secondes. Ajoutez le riz et laissez cuire vingt secondes. Ajoutez les échalotes et les haricots et mélangez. Ajoutez enfin la sauce au soja ou le bouillon (et la sauce vinaigrette), et laissez cuire vingt secondes. Assaisonnez au poivre blanc selon votre goût.

Variante : Vous pouvez utiliser des restes de viande et de légumes. La technique de préparation reste la même. La proportion est de deux tasses de riz cuit pour une tasse de viande, de volaille ou de fruits de mer, et une tasse trois quarts de légumes.

● Pâtes au seigle II, III

Pour 2 personnes

Ces petites pâtes au seigle ont un goût délicieux. Elles peuvent accompagner les ragoûts ou autres plats mijotés. Pour ceux d'entre vous qui sont allergiques au blé, ces pâtes au seigle sont aussi succulentes que les pâtes classiques au froment.

1 tasse (130 g) de farine de seigle
3 gros jaunes d'œufs légèrement battus
1/3 à 1/2 tasse d'eau bouillante
1/4 de cuillerée à café de bicarbonate de soude

1. Mettez la farine dans un saladier et versez les jaunes d'œufs tout en battant à l'aide d'une fourchette. Ajoutez un tiers de tasse d'eau, et continuez à remuer jusqu'à ce que vous obteniez une pâte lisse. Ajoutez si nécessaire l'eau qui vous reste, puis le bicarbonate de soude et mélangez soigneusement. Couvrez et laissez reposer à température ambiante pendant trente à soixante minutes.

2. Étalez la pâte sur trois millimètres environ d'épaisseur. Coupez-la en minces lanières de trois millimètres de largeur. Séparez-les bien.

3. Chauffez de l'eau jusqu'à ébullition dans un grand faitout. Plongez-y les pâtes. Remuez avec une fourchette.

LES ASSAISONNEMENTS ET LES SAUCES

Toutes les recettes de ce chapitre excluent les œufs, le maïs, le sucre de canne, le blé et le lait de vache. Elles ne contiennent pas non plus de soja, à l'exception de la mayonnaise aux germes de soja et de la mayonnaise mousseuse au soja, ni de levure ou de houblon, à l'exception de l'assaisonnement chaud à l'ail.

• Assaisonnement au jus de tomate I, II, III

Pour 2 personnes

Cet assaisonnement savoureux mais léger est délicieux, que vous soyez ou non au régime.

> 2 cuillerées à soupe de jus de tomate
> 1 cuillerée à soupe d'eau
> 1 petite gousse d'ail (facultatif)
> Poivre de Cayenne moulu selon goût (facultatif)
> 1 cuillerée à soupe d'herbes fraîches ou 1/2 cuillerée à café d'herbes sèches parmi les suivantes : basilic, ciboulette, feuilles de coriandre, sarriette, marjolaine, origan, persil, thym.

Mélangez le jus de tomate et l'eau dans un saladier. Ajoutez l'ail si vous en aimez le goût, les herbes et/ou les épices que vous aimez, et mélangez. Laissez au réfrigérateur dans un récipient fermé pendant trente à soixante minutes avant de servir, de manière que les herbes et/ou les épices dégagent bien leur arôme dans l'assaisonnement. (Si vous utilisez la gousse d'ail, retirez-la avant d'utiliser cette sauce.)

● Sauce au piment doux III

Pour 8 personnes

A base de piments rouges, d'herbes et de tomate, une sauce dont la saveur subtile agrémente parfaitement le poulet grillé ou les petites brochettes au poulet (page 166).

55 g de petits piments rouges (4 à 5)
1/4 de tasse d'amandes ou de noix grillées
1 petite gousse d'ail (facultatif)
1/8 de cuillerée à café de cannelle moulue
1/8 de cuillerée à café de clous de girofle moulus
3/4 de cuillerée à café d'origan frais, ou 1/4 de cuillerée à café d'origan séché
3/4 de tasse de bouillon de poulet ou d'eau
1/3 de tasse de jus de mandarine ou de clémentine frais
2 1/2 cuillerées à soupe de concentré de tomate

1. Faites griller les piments dans un four à 180° pendant sept minutes, jusqu'à ce qu'ils soient souples. Coupez-les en deux et retirez la tige et les graines.
2. Coupez les piments en petits morceaux et hachez-les dans un mixer. Ajoutez les amandes ou les noix, l'ail si vous le souhaitez, les épices et les herbes, et réduisez le tout en purée. Versez deux tiers de tasse d'eau ou de bouillon et le jus de fruit, et battez pendant cinq minutes, jusqu'à ce que vous obteniez une pâte épaisse, lisse et de couleur rouille. Ajoutez le concentré de tomate et mélangez soigneusement.
3. Faites chauffer la sauce dans un récipient anti-adhésif sur feu doux, sans cesser de remuer, pendant cinq minutes, pour la faire épaissir. Ajoutez le reste de bouillon ou d'eau si votre mélange est trop sec. Servez ou conservez au réfrigérateur. Vous pouvez garder cette sauce au réfrigérateur pendant deux jours et au congélateur pendant un mois (laissez-la dégeler une nuit au réfrigérateur avant de l'utiliser). Ensuite, faites simplement réchauffer avant de servir.

• Assaisonnement au citron I, II, III

Pour 2 personnes

Pour remplacer la vinaigrette classique, délicieux dans toutes les salades.

1 1/2 cuillerée à soupe de jus de citron ou de pamplemousse frais
3 1/2 à 4 cuillerées à café d'eau
1 petite gousse d'ail (facultatif)
1 cuillerée à soupe d'herbes fraîches ou 1/2 cuillerée à café d'herbes sèches parmi les suivantes : basilic, ciboulette, feuilles de coriandre, marjolaine, menthe, origan, persil, thym.
Cumin moulu selon goût (facultatif)

Mélangez le jus de fruit et l'eau dans un saladier. Ajoutez l'ail si vous le désirez, les herbes et/ou les épices que vous aimez et mélangez. Laissez au réfrigérateur dans un récipient couvert pendant trente à soixante minutes avant de servir, afin que les herbes et/ou les épices aient le temps de parfumer vraiment la sauce. (Si vous avez mis la gousse d'ail, retirez-la avant d'utiliser la sauce.)

<u>*Variante*</u> **:** Vous pouvez remplacer le citron ou le pamplemousse par du jus d'orange. Mettez alors seulement 2 1/2 à 3 cuillerées à café d'eau.

• Vinaigrette à la moutarde II, III

Pour 4 personnes

Une sauce sans huile, agréablement relevée pour assaisonner les salades vertes.

2 cuillerées à café de moutarde de Dijon
6 cuillerées à soupe de bouillon (poulet, dinde ou légumes)
1/2 cuillerée à café de cerfeuil, de persil ou de basilic frais, ou
1/8 de cuillerée à café de ces herbes séchées
1 cuillerée à soupe de vinaigre de vin rouge ou blanc
1 cuillerée à café de jus de citron frais (facultatif)
1/4 de cuillerée à café de poivre fraîchement moulu

Mélangez tous les ingrédients dans un saladier. Laissez refroidir dans un récipient fermé au réfrigérateur pendant une heure afin que tous les arômes aient le temps de se mélanger.

● Mayonnaise aux germes de soja II, III

Pour 4 à 6 personnes

La mayonnaise aux germes de soja remplace agréablement la mayonnaise aux œufs. Elle est lisse et crémeuse et peut être utilisée comme sauce ou comme assaisonnement pour une salade.

170 g de germes de soja frais
5 cuillerées à café de jus de citron frais
3 cuillerées à soupe d'huile

1. Coupez les germes de soja en petits morceaux et étalez-les sur un linge ou du papier absorbant.
2. Mettez-les ensuite dans un linge sec et essorez soigneusement. Tordez-le doucement (peu importe si les germes de soja se cassent, car vous les réduirez en purée par la suite).
3. Passez le soja au mixer. Ajoutez le jus de citron et battez pendant trente secondes. Versez lentement l'huile (une cuillerée à soupe à la fois) et continuez à battre pendant deux ou trois minutes jusqu'à ce que la sauce soit crémeuse et mousseuse.
4. Versez la mayonnaise dans un récipient hermétiquement clos et mettez-la au réfrigérateur où vous pourrez la garder trois jours.

● Mayonnaise mousseuse au soja II, III

Pour 4 personnes

Cette variante de la mayonnaise précédente donne une sauce mousseuse qui ressemble à une crème fouettée.

170 g de germes de soja frais
2 cuillerées à café de jus de citron frais
2 cuillerées à soupe d'huile

1. Coupez les germes de soja en petits morceaux et étalez-les sur un linge fin ou du papier absorbant de manière à en absorber l'eau.

2. Mettez-les ensuite sur un linge sec et essorez-les soigneusement en le tordant (vous pouvez casser les germes de soja, car vous les réduirez en purée par la suite).

3. Passez le soja au mixer. Ajoutez le jus de citron et mélangez pendant trente secondes. Ajoutez lentement l'huile (une cuillerée à soupe à la fois) et continuez à mélanger pendant deux ou trois minutes jusqu'à ce que le mélange soit crémeux et mousseux à la fois.

Utilisez cette sauce moins d'une heure après sa préparation. Égouttez toutes les traces d'eau qui peuvent être apparues en surface avant de servir.

● Assaisonnement chaud à l'ail III

Pour 2 personnes

A servir avec les brocolis, le chou-fleur, les artichauts, les asperges et les haricots verts cuits à la vapeur. L'ail chaud dégage totalement son arôme qui se mêle à celui de l'huile pour constituer un assaisonnement succulent. C'est une manière rapide de transformer des légumes ordinaires en un plat particulièrement original.

1 cuillerée à café d'ail finement émincé
1 cuillerée à café d'huile
1 1/2 cuillerée à soupe de vinaigre de vin blanc ou rouge, ou de jus de citron

1. Placez les ingrédients dans une petite casserole, couvrez et laissez chauffer sur feu doux pendant huit minutes. L'ail doit alors dégager son arôme, et le vinaigre doit avoir perdu son amertume.

2. Versez immédiatement sur les légumes cuits à la vapeur.

Variantes : 1. Vous pouvez remplacer l'ail par de l'oignon ou de l'échalote dans les mêmes proportions.

2. Vous pouvez ajouter du romarin, de l'origan ou de la marjolaine pour parfumer cette sauce. Comptez 1 cuillerée à café d'herbes fraîches ou 1/4 de cuillerée à café d'herbes séchées.

LES PLATS DE RÉSISTANCE

Toutes les recettes de ce chapitre excluent le sucre de canne. Elles ne comportent pas de maïs, à l'exception du poulet rôti aux herbes et du poulet sauce Bourbon. Ces recettes ne contiennent pas de soja à l'exception de la salade de dinde aux raisins secs, ni de blé à l'exception des pâtes à la sauce tomate. Le hachis de dindonneau ne comporte pas de blé si vous substituez à la farine de froment une autre farine. Pas d'œufs dans ces recettes sinon dans la salade niçoise au thon. Elles ne contiennent pas de lait de vache à l'exception des pâtes à la sauce tomate et des spaghettis à la bolonaise, à moins que vous n'évitiez la garniture au fromage. Ces recettes ne contiennent ni levure, ni houblon, à l'exception du poulet sauce Bourbon, de la salade chinoise, du bœuf frit aux brocolis et aux champignons, et de la perche à la vapeur.

• Crevettes et fromage au basilic et à la tomate III

Pour 2 personnes

Ce plat offre un délicieux mélange d'arômes : le soupçon de citron et de basilic, le parfum léger de la sauce tomate s'harmonisent merveilleusement avec le fromage frais. Vous pouvez servir ce plat sur un lit de riz brun ou d'orge perlé et y ajouter une salade de cresson pour obtenir un repas complet.

170 g de fromage frais de brebis ou de chèvre
1 1/2 cuillerée à café d'huile
1/3 d'oignon haché
1 cuillerée à soupe d'ail émincé
2 tasses (0,5 kg) de petites tomates coupées en dés

1/4 de tasse de persil frais haché
2 cuillerées à soupe de basilic frais ou 1/4 de cuillerée à café de basilic séché
1 cuillerée à soupe de marjolaine fraîche hachée ou 1/4 de cuillerée à café de marjolaine séchée
1 cuillerée à café de zeste de citron frais coupé en petites lamelles
Épices et poivre fraîchement moulus selon goût
0,5 kg de grosses crevettes crues, décortiquées

1. Égouttez le fromage.
2. Faites chauffer une petite poêle. Versez-y l'huile. Sur feu moyen, faites blondir l'oignon pendant trois minutes. Ajoutez l'ail et faites sauter pendant trente secondes.
3. Ajoutez les tomates, le persil, le basilic, la marjolaine et le zeste de citron. Laissez mijoter sur feu doux pendant dix minutes, en remuant de temps en temps. Assaisonnez selon le goût. Retirez du feu. A ce moment, la sauce est plutôt sèche; lors de la cuisson au four, le fromage et les crevettes dégageront suffisamment de jus pour l'alléger.
4. Faites préchauffer le four à 200°. Mettez les crevettes dans un plat allant au four. Nappez-les avec la sauce et saupoudrez de fromage. Laissez cuire entre douze et quinze minutes, suivant la grosseur des crevettes.

● Perche à la vapeur III

Pour 2 personnes

Cuite à la vapeur jusqu'à ce que sa chair soit tendre et savoureuse, la perche est ensuite recouverte de légumes croquants aux goûts contrastés et d'une sauce légère qui lui donne sa touche finale. C'est l'une des recettes les plus rapides parmi celles que j'enseigne, et elle peut s'adapter à tous les menus.

650 à 900 g de filets de perche
1 cuillerée à café d'huile
1/2 tasse de poivron vert et/ou rouge coupé en petits dés
2 2/3 cuillerées à soupe d'échalotes finement émincées
2 cuillerées à café de gingembre coupé en petits morceaux
1/2 tasse de champignons noirs chinois (9 moyens) trempés dans l'eau chaude et essorés, ou de champignons frais en petits morceaux

Sauce
4 1/2 cuillerées à soupe de sherry sec ou de porto
**3 1/2 cuillerées à soupe de sauce au soja ou de bouillon (poulet
ou légumes)**
2 1/3 cuillerées à soupe de bouillon (poulet ou légumes)

1. Placez une assiette résistante à la chaleur dans le
cuit-vapeur rempli d'eau aux deux tiers et chauffez jusqu'à
ébullition. Posez le poisson sur l'assiette, couvrez et laissez
cuire douze à quinze minutes ou jusqu'à ce que la chair
soit juste tendre lorsque vous la piquez à l'aide d'une fourchette.
2. Faites chauffer une poêle anti-adhésive et versez-y
l'huile. Faites sauter rapidement les dés de poivron, les
échalotes, le gingembre et les champignons pendant vingt
secondes. Laissez de côté.
3. Faites chauffer les ingrédients de la sauce dans une
petite casserole.
4. Pour servir, disposez le poisson sur un plat et posez les
légumes dessus. Couvrez le tout de sauce chaude.

Variantes : 1. Vous pouvez utiliser des carottes, du céleri,
des champignons frais ou des courgettes à la place des
autres légumes, et dans les mêmes proportions.
2. Vous pouvez remplacer la perche par du lieu, de la
limande ou de la sole.

● Salade niçoise au thon III

Pour 2 personnes

Merveilleux mélange de saveurs et de couleurs, ce grand
classique de la cuisine méridionale représente un bon
équilibre entre les protéines, les hydrates de carbone et les
graisses. Cette salade est riche en vitamines A et C, en
potassium, en calcium, en phosphore et en niacine (vitamine
B 3). Elle contient très peu de calories.

1 tasse (1 boîte de 180 g) de thon au naturel
1/4 de tasse de céleri coupé en dés
1/4 de tasse de poivron rouge coupé en dés

1/4 de tasse de concombre coupé en dés
1 1/2 cuillerée à soupe d'échalote finement émincée
1 cuillerée à soupe de persil grossièrement haché
Poivre noir fraîchement moulu selon le goût

Garniture (facultatif)
Feuilles de laitue
1 œuf dur, coupé en quartiers
6 olives noires
1 tomate mûre coupée en tranches

1. Placez le thon, le céleri, le poivron rouge, le concombre, l'échalote et le persil dans un saladier et mélangez.
2. Assaisonnez au poivre noir selon votre goût.
3. Pour servir, placez des feuilles de laitue sur des assiettes individuelles et disposez la salade niçoise au thon dessus. Décorez de quartiers d'œuf dur, d'olives et de tranches de tomate.

Variante : Vous pouvez prendre du thon frais de préférence au thon en conserve. Achetez un filet de thon de 200 grammes. Faites griller six ou sept minutes, puis retournez-le et laissez cuire de nouveau six ou sept minutes. Laissez refroidir et coupez en petits morceaux à l'aide d'une fourchette.

● Papillotes I, II, III

Pour 2 à 4 personnes

Les papillotes vous permettent de présenter vos plats de façon amusante. Enveloppés dans un papier sulfurisé ou dans un papier aluminium, le poisson et les légumes cuisent au four dans leur propre jus. Cette méthode de cuisson donne aux aliments une saveur et un parfum particuliers.

Pour chaque papillote
170 à 225 g de poisson (merlan, lieu ou coquilles Saint-Jacques)
2 à 3 feuilles de salade verte

Légumes (utilisez une grande variété de légumes en petites quantités)
1 blanc de poireau finement émincé
2 têtes de champignons frais, nettoyées

2 têtes de champignons noirs chinois trempés dans l'eau chaude et essorés
1/4 de bulbe de fenouil coupé en petits morceaux
1 endive, coupée en quartiers dans le sens de la longueur
6 pois chiches cuits (en conserve)
Poivre blanc fraîchement moulu, selon le goût

Pour chaque papillote
Papier sulfurisé ou aluminium : une grande feuille d'environ 40 cm sur 50 cm
2 cuillerées à café d'huile de tournesol ou d'arachide (pour le papier sulfurisé seulement)

Préparation de la papillote
Travaillez sur une surface bien sèche.
1. Préparez le filet de poisson en retirant toutes les arêtes à l'aide de petites pinces ou de vos doigts, et en le séchant soigneusement.
2. Vous pouvez préparer la papillote vingt minutes avant la cuisson. Pliez tout d'abord le papier en deux dans le sens horizontal et marquez bien le pli. Ouvrez-le ensuite, et s'il s'agit de papier sulfurisé recouvrez tout l'intérieur d'une couche d'huile.
Disposez la salade verte au centre du papier, près du pli. Placez ensuite le poisson et les légumes sur la salade. Assaisonnez au poivre selon votre goût.
3. Repliez le papier sur le poisson et les légumes, en recouvrant tous les aliments. Puis pliez de nouveau ce paquet sur lui-même, en appuyant fortement de manière à bien fermer.

Cuisson de la papillote
4. Préchauffez le four à 280° en plaçant la plaque de cuisson à l'intérieur. Ouvrez le four et retirez la plaque. Placez les papillotes sur la plaque, glissez-la à nouveau dans le four, et fermez la porte. Mettez la température à 220°. Laissez cuire cinq minutes pour une épaisseur de filet de poisson d'un centimètre.

• Salade de dinde aux raisins secs III

Pour 2 personnes

Facile à préparer, riche en protéines, en phosphore, en potassium, en niacine (vitamine B 3), cette salade contient les amino-acides suivants : leucine, acide glutamique et lysine. Cette recette utilisant la mayonnaise au soja comme assaisonnement ne contient pas d'œuf.

2 tasses de dinde ou de poulet cuit coupé en petits morceaux
3/4 de tasse de céleri coupé en dés
2 à 3 cuillerées à soupe d'échalotes émincées
1/2 tasse de raisins secs
1 cuillerée à café de jus de citron ou de pamplemousse frais
Poivre blanc fraîchement moulu selon goût
1/3 de tasse de mayonnaise aux germes de soja (page 156)
Feuilles d'épinards ou de salade

1. Mélangez tous les ingrédients à l'exception des feuilles d'épinards ou de salade.
2. Disposez le tout sur les feuilles d'épinards ou de salade et servez.

● Hachis de dindonneau III

Pour 2 personnes

Un plat riche en amino-acides essentiels et en minéraux, qui contient peu de graisses et vous permettra d'utiliser des restes de dinde.

1 1/2 cuillerée à café de margarine végétale
1 cuillerée à café de farine d'avoine, de froment ou de seigle
1/8 de tasse d'oignon haché
1 tasse (170 g) de pommes de terre cuites à la vapeur ou au four et coupées en tranches
2 cuillerées à soupe de persil frais haché
1/2 cuillerée à café de thym ou de sauge frais, ou 1/8 de cuillerée à café d'herbes séchées
1 1/4 tasse (225 g) de dinde ou dindonneau cuit coupé en petits morceaux
1/3 de tasse de bouillon de dinde
Poivre blanc fraîchement moulu et noix de muscade selon goût

1. Faites chauffer une poêle anti-adhésive et faites-y fondre la margarine. Sur feu moyen, ajoutez peu à peu la farine, et faites un roux, en remuant constamment la farine jusqu'à ce qu'elle prenne une couleur dorée, soit environ trois ou quatre minutes.

2. Baissez le feu, ajoutez l'oignon et laissez cuire pendant deux minutes. Ajoutez alors les pommes de terre et faites cuire quatre ou cinq minutes en remuant souvent. Ajoutez le persil et le thym ou la sauge et mélangez.
3. Mettez la dinde dans cette préparation et faites cuire trois minutes en tournant. Puis, sur feu vif, déglacez la poêle à l'aide du bouillon. Assaisonnez selon votre goût de poivre et de noix de muscade. Laissez chauffer une ou deux minutes pour faire épaissir. Servez immédiatement.

Variante : Vous pouvez utiliser du poulet (et du bouillon de poulet) ou du rôti de bœuf (et du bouillon de bœuf) à la place de la dinde dans les mêmes proportions.

● Poulet rôti aux herbes I, II, III

Pour 4 personnes

Cette recette donne des volailles absolument succulentes. De plus, du bouillon de poulet sera produit pendant la cuisson, sans que vous ayez à rajouter d'eau ni de liquide; vous pourrez l'utiliser dans une sauce ou pour accompagner l'orge perlé ou le riz.

1,250 kg de jeune poulet
2 cuillerées à soupe d'estragon, de sarriette ou de marjolaine fraise, ou 1 1/2 cuillerée à café de ces mêmes herbes séchées (facultatif)
1/4 de cuillerée à café de Maïzena (facultatif)

1. Utilisez une marmite en terre résistante à la chaleur. Faites-la tremper dans l'eau chaude pendant dix minutes. Séchez-la.
2. Mettez une partie des herbes à l'intérieur du poulet, et avec le reste saupoudrez l'extérieur. Placez ensuite le poulet dans la marmite, en le posant côté poitrine.
3. Mettez la marmite dans le four froid, et faites chauffer à 280°, sans couvrir. Le four doit atteindre une température de 280° en cinq à dix minutes.

4. Commencez à chronométrer la cuisson du poulet à partir de ce moment, en le laissant à 280° pendant dix minutes. Ensuite, retournez le poulet et laissez de nouveau cuire dix minutes.

5. Couvrez la marmite et réduisez la température à 180°. Poursuivez la cuisson pendant quarante à cinquante minutes. La chair doit être très tendre, et même se détacher des os.

6. Videz dans la marmite le jus qui se trouve à l'intérieur du poulet. Posez le poulet sur une planche à découper et laissez-le ainsi au moins dix à quinze minutes. Filtrez le jus qui se trouve dans la marmite. Il doit vous en rester environ une demi-tasse. (Si vous en voulez davantage, vous pouvez ajouter de l'eau CHAUDE dans la marmite lors des vingt dernières minutes de cuisson, ou de l'eau ou du bouillon avant même la cuisson.)

7. Grattez les herbes qui sont dans le poulet pour les faire tomber dans la sauce. Faites chauffer la sauce (en l'épaississant à l'aide d'un quart de cuillerée à café de Maïzena mélangé à une cuillerée à soupe d'eau si vous le désirez), et servez.

● Poulet pané au millet III

Pour 4 personnes

Le fait de remplacer par du millet la chapelure et les œufs utilisés habituellement donne un mets plus croustillant. De plus, le poulet pané au millet est plus facile à préparer et moins riche en calories que le poulet pané classique.

1,250 kg de jeune poulet, coupé en 16 morceaux
1/2 tasse de millet broyé
Poivre noir fraîchement moulu selon goût
Thym, origan, basilic ou sauge, frais ou séché, selon goût

1. Retirez le poulet du réfrigérateur trente minutes avant la cuisson, et enlevez la peau pour réduire l'importance des calories et des graisses.

2. Mélangez le millet, le poivre et les herbes dans un plat creux. Rincez le poulet à l'eau chaude, séchez-le et roulez-le dans le mélange de millet jusqu'à ce qu'il soit bien enrobé.

3. Faites préchauffer le four à 220°.

4. Disposez une grille sur la lèchefrite, afin que la graisse excédentaire s'y écoule lors de la cuisson. Placez les morceaux de poulet sur la grille, au centre du four, et réduisez la température à 200°; laissez cuire quinze à vingt minutes. Retirez du four, retournez chaque morceau, et laissez de nouveau cuire de quinze à vingt minutes. Retirez du four, laissez dégorger le poulet sur un papier absorbant pendant deux ou trois minutes et servez.

● Petites brochettes au poulet I, II, III

Pour 2 personnes

Une recette qui a toujours du succès, à servir avec de la sauce au piment doux (voir page 154).

300 à 450 g de blanc de poulet sans os et sans peau, coupé en petits morceaux

Marinade
3/4 de cuillerée à café d'épices variées moulues
1/2 cuillerée à café de poivre noir fraîchement moulu
1 1/2 cuillerée à café d'origan frais ou 1/2 cuillerée à café d'origan séché
3/4 de cuillerée à café de cumin moulu
3/4 de cuillerée à café de coriandre moulue
5 petites gousses d'ail hachées (facultatif)
1 cuillerée à café d'huile
3 cuillerées à café de jus d'orange ou de mandarine ou de clémentine

8 petites brochettes

1. Placez les morceaux de poulet dans un saladier. Ajoutez tous les ingrédients de la marinade. Remuez soigneusement. Couvrez hermétiquement et laissez au réfrigérateur pendant quatre à vingt-quatre heures, afin que la viande absorbe bien les arômes de la marinade. Remuez une fois pour répartir le parfum de manière égale.

2. Disposez le gril de manière que les brochettes se trouvent à dix centimètres de la source de chaleur. Faites préchauffer le gril. Disposez les morceaux de poulet sur les brochettes sans les serrer exagérément afin que toutes les surfaces cuisent parfaitement.

3. Faites griller les brochettes pendant trois minutes, puis retournez-les et laissez de nouveau griller deux minutes. Servez immédiatement.

● Poulet sauce Bourbon III

Pour 2 personnes

Des blancs de poulet tendres nappés d'une sauce délicieuse.

2 cuillerées à café de margarine végétale
2 blancs de poulet (de 175 à 225 g chacun), sans os et sans peau
1/4 de tasse d'oignon haché
2/3 de tasse de champignons frais en tranches
1/2 tasse de bouillon de poulet
1/4 de tasse de bourbon ou de whisky
1 cuillerée à café de Maïzena mélangée à 2 cuillerées à café de bouillon de poulet (facultatif)

1. Faites chauffer une poêle anti-adhésive et laissez fondre une cuillerée à café de margarine. Sur feu moyen, faites revenir les blancs de poulet des deux côtés, et laissez-les cuire environ quatre ou cinq minutes. Disposez-les alors dans un plat, et gardez-les au chaud dans un four à 95°, où ils continueront à cuire doucement.

2. Dans la même poêle, faites fondre l'autre cuillerée à café de margarine sur feu moyen. Ajoutez les oignons et laissez blondir pendant deux minutes. Ajoutez les champignons et laissez sauter deux minutes. Ensuite, à feu vif, ajoutez le bouillon et déplacez le fond de la poêle. Laissez réduire le bouillon de moitié, une minute environ. Ensuite, ajoutez le whisky et laissez réduire de nouveau pendant une minute. Sur feu doux, ajoutez le mélange à base de Maïzena si vous le souhaitez, et remuez jusqu'à ce que la sauce épaississe. Retirez du feu et assaisonnez selon votre goût. Versez cette sauce sur les blancs de poulet.

● Poulet chasseur III

Pour 2 à 4 personnes

Du poulet mijoté doucement dans une sauce tomate parfumée aux herbes, qui peut être servi avec du riz, des pâtes ou de l'orge perlé. Ce plat peut être préparé à l'avance.

2 cuillerées à café d'huile
1/2 tasse d'oignon haché
2 cuillerées à café d'ail émincé
1/4 de tasse de persil frais haché
450 g de poulet sans peau, coupé en 16 morceaux
2 tasses de bouillon de poulet
2 tasses (0,5 kg) de petites tomates écrasées à la fourchette
1/2 feuille de laurier séchée
3 cuillerées à soupe de basilic frais ou 1 cuillerée à café de basilic séché
1 carotte coupée en petits dés
1 branche de céleri, coupée en petits dés
Épices ou poivre noir fraîchement moulu selon goût

1. Faites chauffer une sauteuse anti-adhésive et ajoutez l'huile. Faites blondir l'oignon pendant une minute sur feu moyen.
2. Ajoutez l'ail et le persil et laissez sauter trente secondes.
3. Ajoutez le poulet, et faites revenir de tous les côtés sur feu moyen pendant cinq minutes.
4. Ajoutez le bouillon, les tomates et les herbes. Mélangez soigneusement. Ajoutez la carotte et la branche de céleri.
5. Faites bouillir pendant une minute, puis réduisez le feu et laissez cuire deux heures, en remuant de temps à autre. Assaisonnez selon votre goût avec des épices et du poivre.
6. Servez immédiatement avec du riz, des pâtes aux œufs ou de l'orge perlé (voir page 148). Le poulet chasseur se conserve au réfrigérateur pendant deux jours. Faites réchauffer sur feu doux pendant quinze minutes avant de servir.

● Salade chinoise III

Pour 2 à 4 personnes

Ces feuilles bien vertes et bien fraîches remplies d'un succulent mélange de viande et de légumes font un repas équilibré généralement très apprécié par mes élèves. La salade chinoise peut être servie comme accompagnement ou comme plat de résistance.

1 belle salade verte, romaine ou laitue de préférence
350 g de blancs de poulet maigres, sans os et sans peau, hachés
1/4 de cuillerée à café d'ail émincé
2 cuillerées à café de sherry ou de porto sec
4 cuillerées à café de sauce au soja
2/3 de tasse de céleri coupé en dés
3/4 de tasse de châtaignes d'eau fraîches ou en conserve
1/2 tasse de têtes de champignons chinois, trempés dans l'eau chaude et essorés, puis coupés en dés
2 cuillerées à soupe de haricots rouges en conserves rincés et légèrement broyés
1 cuillerée à soupe de sauce vinaigrette (facultatif)

1. Séparez, rincez et séchez les feuilles de salade. Disposez-les sur un plat et laissez-les au frais jusqu'au moment de servir.
2. Mélangez le poulet, l'ail, le porto ou le sherry, et deux cuillerées à café de sauce au soja. Laissez ce mélange de côté. Mélangez le céleri, les châtaignes d'eau et les champignons. Laissez de côté.
3. Faites chauffer une poêle anti-adhésive, et versez-y l'huile. Ajoutez le mélange à base de poulet et laissez cuire jusqu'à ce que le poulet perde sa couleur rose, soit environ une minute. Ajoutez le mélange de légumes, et les haricots; laissez cuire environ une minute. Ajoutez les deux autres cuillerées à café de sauce de soja et laissez cuire quinze secondes. (Si vous utilisez la vinaigrette, ajoutez-la à ce moment.) Disposez le tout dans un plat et servez avec les feuilles de salade fraîches.
Chacun met sur une feuille de salade de la viande et des légumes, puis la roule ou la plie.

● Perdrix au raisin et à la sauge III

Pour 2 personnes

Pour recevoir des amis ou pour vous-même si vous décidez de vous offrir un menu sortant de l'ordinaire, un régal pour le palais aussi bien que pour votre ligne. Ces perdrix peuvent être préparées en moins d'une heure. Le raisin et la sauge apportent un arôme délicat à la viande rôtie. Servez avec de la scarole braisée (voir page 140) et du riz brun ou de l'orge perlé.

> 2 perdrix (450 g chacune)
> 1 gousse d'ail (facultatif)
> 2 cuillerées à café de sauge fraîche ou 1/2 cuillerée à café de sauge séchée
> 1 tasse de grains de raisin noir ou blanc, pelés et épépinés

1. Retirez tous les dépôts de graisse visibles sur les perdrix. Rincez-les à l'eau froide et séchez-les.
2. Avec la gousse d'ail, frottez les perdrix. Glissez de la sauge à l'intérieur de chaque perdrix. Ajoutez une demi-tasse de raisin, et fermez à l'aide d'une épingle à nourrice afin que le raisin ne s'échappe pas au cours de la cuisson.
3. Faites préchauffer le four à 280°.
4. Placez les perdrix sur un gril. Mettez-le au-dessus de la lèchefrite au milieu du four, et versez un verre d'eau dans la lèchefrite, afin que la graisse qui s'écoulera lors de la cuisson ne brûle pas et ne dégage pas de fumée. Réduisez la température à 250°. Laissez cuire pendant vingt minutes.
5. A l'aide de deux spatules de bois, retournez les perdrix et réduisez la température à 180°. Laissez rôtir vingt-cinq à trente-cinq minutes. Retirez du four et laissez reposer dix à quinze minutes avant de retirer les épingles à nourrice et de servir.

● Chiche-kebabs III

Pour 2 personnes

Les chiche-kebabs font des repas de fête, et pourtant sont si faciles à faire qu'ils peuvent figurer régulièrement à vos menus. Les enfants en particulier les apprécient beaucoup. La préparation est très rapide et vous ne salirez pratiquement pas de vaisselle.

450 g de gigot d'agneau maigre, coupé en petits morceaux

Marinade
2 cuillerées à soupe d'oignon haché
1 petite gousse d'ail hachée
1 cuillerée à soupe de marjolaine fraîche ou 1 cuillerée à café de marjolaine séchée
1 1/2 cuillerée à café d'origan frais, ou 1/2 cuillerée à café d'origan séché
2 cuillerées à soupe de jus de citron frais
1 cuillerée à café d'huile

Légumes
4 champignons frais moyens
1 petit poivron rouge coupé en lamelles
4 petites tomates coupées en tranches épaisses
8 petites pommes de terre nouvelles cuites à la vapeur et coupées en deux
1 petite courgette coupée en tranches fines

6 brochettes

1. Placez le gigot dans une terrine et ajoutez tous les ingrédients de la marinade. Mélangez soigneusement. Couvrez hermétiquement et laissez vingt-quatre heures au réfrigérateur, afin que la viande absorbe bien les arômes de la marinade. Remuez une fois. (Même si les arômes de la marinade semblent forts, n'oubliez pas que la viande est très compacte et ne s'en imprégnera que légèrement.)
2. Retirez la viande du réfrigérateur trente minutes avant la cuisson. Préparez les légumes. Disposez le gril de manière que vos brochettes se trouvent à dix centimètres de la source de chaleur. Faites préchauffer le gril.
3. Enfilez la viande et les légumes sur les brochettes sans les serrer exagérément, de manière que toutes les surfaces puissent cuire. Alternez les ingrédients, en commençant et en terminant par une lamelle de poivron.
4. Faites griller les brochettes neuf minutes pour une viande pas trop cuite, douze minutes pour une viande à point, et quinze minutes pour une viande bien cuite.

● Boulettes d'agneau III

Pour 2 personnes

Ce plat se compose de petits morceaux d'agneau (ou de bœuf) délicatement assaisonnés à la menthe et aux épices. La viande est présentée sous forme de boulettes ou de brochettes et grillée. Servez ces boulettes avec la salade de légumes au riz (voir page 136).

300 g de viande d'agneau (ou de bœuf) hachée
2 cuillerées à soupe de grains de millet ou d'avoine trempées dans 2 cuillerées à café d'eau
3 cuillerées à soupe d'oignon ou d'échalote finement émincés
2 cuillerées à soupe de persil finement haché (facultatif)
1/2 cuillerée à café d'ail émincé
2 cuillerées à café d'huile
1 1/2 cuillerée à café de menthe fraîche ou 3/4 de cuillerée à café de menthe séchée
1/8 de cuillerée à café de cannelle moulue (facultatif)
1/8 de cuillerée à café d'épices moulues
1/8 de cuillerée à café de poivre noir fraîchement moulu

1. Mélangez tous les ingrédients et placez au réfrigérateur de deux à vingt-quatre heures pour que les arômes se mélangent.
2. Roulez la viande en petites boulettes de quatre centimètres de diamètre environ. Enfilez-les sur des brochettes.
3. Placez le gril à dix centimètres de la source de chaleur. Faites cuire les brochettes en les retournant pour qu'elles dorent de tous les côtés.
Le temps de cuisson est d'environ quatre ou cinq minutes pour une viande pas trop cuite; de six ou sept minutes pour une viande à point; et de huit ou neuf minutes pour une viande bien cuite.

● Pâtes à la sauce tomate II, III

Pour 2 personnes

Pour que cette sauce délicieuse et facile à préparer garde un goût frais et léger, choisissez exclusivement des petites tomates bien mûres, car elles sont charnues et plus parfumées que les autres. Pour ajouter à la sauce une touche subtile et délicieuse, vous pouvez y incorporer quelques gouttes du vin que vous servirez avec le repas. Versez la sauce sur un plat de pâtes encore fumantes et garnissez de fromage râpé.

2 cuillerées à café d'huile
1/4 de tasse d'oignon haché
2 cuillerées à café d'ail émincé
1 3/4 tasse de petites tomates bien mûres coupées en morceaux
2 à 4 cuillerées à soupe de concentré de tomate
2 cuillerées à soupe de persil frais haché
1 1/2 cuillerée à soupe de basilic frais haché ou 3/4 de cuillerée à café de basilic séché
2 cuillerées à café d'oignon frais ou 1/2 cuillerée à café d'origan séché
Poivre noir fraîchement moulu selon goût
6 cuillerées à soupe de vin rouge (facultatif)

Garniture (facultatif)
Parmesan râpé ou fromage de brebis râpé

Faites chauffer une poêle anti-adhésive, versez-y l'huile, et faites revenir l'oignon pendant trois minutes sur feu doux. Ajoutez l'ail et laissez sauter pendant une minute. Ajoutez les tomates, le concentré de tomate, le persil, le basilic, l'origan et le poivre selon votre goût et laissez mijoter sur feu doux pendant vingt minutes. Si vous utilisez le vin, ajoutez-le à ce moment, et laissez encore mijoter pendant six minutes. Servez sur des pâtes bien chaudes et saupoudrez de fromage râpé.

● Spaghettis à la bolonaise II, III

Pour 4 personnes

Quand j'étais jeune, les spaghettis à la sauce tomate étaient mon plat favori. Aujourd'hui, je peux m'offrir régulièrement une version légèrement modifiée, mais délicieuse, de ce plat que j'appréciais tant. Voici ma recette, qui permet un bon équilibre entre les protéines, les graisses et les hydrates de carbone. Ce plat est riche et savoureux, et il ne risque pas de nuire à votre ligne.

1 cuillerée à café d'huile
1/2 tasse d'oignon haché ou de poireau
1/2 tasse de céleri coupé en dés
1/2 tasse de carotte coupée en dés
2 cuillerées à café d'ail émincé
225 g de steak haché maigre
225 g de veau haché maigre
1 1/4 tasse de bouillon (veau, bœuf ou légumes)
1 cuillerée à soupe de persil frais haché
1 petite feuille de laurier séchée
2 cuillerées à café d'origan frais ou 1/2 cuillerée à café d'origan séché
1 1/2 cuillerée à soupe de basilic frais ou 3/4 de cuillerée à café de basilic séché
1/8 de cuillerée à café de noix de muscade fraîche râpée
4 tasses (900 g) de petites tomates coupées en dés
1/2 tasse de concentré de tomate
Poivre noir fraîchement moulu selon goût
Parmesan râpé ou fromage de brebis râpé

1. Chauffez une sauteuse anti-adhésive et versez-y l'huile. Sur feu moyen faites blondir l'oignon, le céleri et la carotte pendant deux minutes. Ajoutez l'ail et laissez sauter une minute en remuant. Ajoutez le bœuf et le veau et laissez cuire jusqu'à ce que la viande perde sa couleur rose, soit environ cinq minutes.
2. Versez le bouillon et ajoutez le persil, la feuille de laurier, l'origan, le basilic, la noix de muscade, les tomates et le concentré de tomate. Couvrez et laissez mijoter sur feu doux pendant deux heures. Poivrez selon votre goût. Si la sauce devient trop sèche, vous pouvez rajouter du bouillon ou de l'eau. Servez sur des fettucine ou des spaghettis chauds, et saupoudrez de fromage râpé. Cette sauce peut se conserver deux jours au réfrigérateur. Réchauffez-la quinze minutes sur feu doux avant de servir.

● Veau Pojarski I, II, III

Pour 2 personnes

Ce plat classique est composé de viande hachée parfumée aux oignons, aux herbes et aux épices. Vous pouvez le préparer une journée à l'avance, et la cuisson ne dure que vingt minutes.

450 g de veau cru haché
1/4 de cuillerée à café d'ail émincé
1 cuillerée à soupe d'oignon ou d'échalote finement émincés
1 cuillerée à café de thym frais ou 1/3 de cuillerée à café de thym séché
Épices diverses et poivre blanc moulu selon votre goût
1 tasse de bouillon (poulet, veau ou légumes)

1. Mélangez le veau, l'ail, l'oignon ou l'échalote, les herbes et les épices. Couvrez hermétiquement et laissez au réfrigérateur entre deux et vingt-quatre heures. (Plus ce mélange marine longtemps, plus les arômes se dégagent.)
2. Séparez ce mélange en deux ou quatre boulettes de forme ovale. Faites chauffer une petite poêle anti-adhésive. Ajoutez un tiers de tasse de bouillon et laissez chauffer. Placez ensuite les boulettes dans la poêle et faites revenir environ deux minutes de chaque côté.
3. Sur feu vif, versez le reste de bouillon dans la poêle et décollez le jus caramélisé à l'aide d'une spatule de bois. Ensuite laissez mijoter sur feu doux en couvrant partiellement pendant trois minutes (pour quatre boulettes) ou cinq minutes (pour deux boulettes). Retournez les boulettes et laissez cuire aussi longtemps. Pour servir disposez les boulettes sur des assiettes chaudes et arrosez-les avec leur jus de cuisson.

Variante : Pour confectionner du *poulet Pojarski*, remplacez le veau par 450 g de poulet cru haché. La marjolaine est également délicieuse avec ce mélange; vous pouvez utiliser 1 cuillerée à café de marjolaine fraîche (ou 1/4 de cuillerée à café de marjolaine séchée) et ajouter de la noix de muscade.

• Veau grillé à la florentine III

Pour 2 personnes

Le flanchet est l'un des morceaux du veau le plus maigre et le plus savoureux. Dans cette recette, il est frotté au poivre noir pour faire ressortir son goût.

450 g de flanchet dégraissé
1 cuillerée à café de poivre noir concassé
1/2 citron

1. Coupez la viande en deux tranches. De la paume de la main, pressez une demi-cuillerée à café de poivre noir sur chacune. Couvrez hermétiquement et laissez reposer à température ambiante pendant une heure.
2. Placez le gril à dix centimètres de la source de chaleur, et faites-le préchauffer. Grillez la viande trois ou quatre minutes si vous l'aimez saignante, cinq ou six minutes si vous la préférez à point, et sept ou huit minutes si vous souhaitez qu'elle soit bien cuite, en retournant les tranches de viande une fois au cours de la cuisson.
3. Disposez-les sur des assiettes individuelles, ajoutez des petits cubes de citron pour décorer.

● Pain de viande III

Pour 2 à 4 personnes

Dans ma recette je n'ai pas inclus les œufs que l'on trouve dans la plupart des préparations de pâté de campagne, et j'ai ajouté des oignons et du poivron vert pour leur arôme. Ce plat peut réellement être succulent si la viande est bien tendre. Servez avec de la scarole braisée (voir page 140).

450 g d'épaule de bœuf maigre
2 cuillerées à soupe d'oignon haché ou 1 cuillerée à soupe d'échalote émincée
3/4 de cuillerée à café d'ail émincé
3 cuillerées à soupe de poivron vert haché
1 1/2 cuillerée à soupe de concentré de tomate
2 cuillerées à café de thym frais ou 1/2 cuillerée à café de thym séché
1 cuillerée à soupe de basilic frais haché ou 1/2 cuillerée à café de basilic séché
2 cuillerées à soupe de persil frais haché
Poivre noir fraîchement moulu selon goût
1/2 tasse de bouillon de bœuf

1. Mélangez tous les ingrédients sauf le bouillon. Couvrez hermétiquement et laissez au réfrigérateur pendant quatre à vingt-quatre heures.
2. Préchauffez le four à 250°. Donnez à votre viande une forme allongée et disposez-la dans une terrine en laissant un espace de un centimètre environ entre la viande et les parois du récipient.
3. Placez votre terrine au centre du four, et réduisez la température à 180°; laissez cuire quinze minutes. Réduisez la température à 140° et laissez cuire encore cinq à dix minutes pour une viande bien cuite. Arrosez de temps à autre de bouillon.
4. Pour servir, retirez la terrine du four et démoulez la viande sur un plat.

● Bœuf frit aux brocolis et aux champignons III

Pour 2 personnes

Ce délicieux plat se prépare en moins de dix minutes.

1 1/2 cuillerée à café d'ail émincé
3 cuillerées à soupe d'échalotes finement émincées
1 cuillerée à soupe de sauce au soja
1 cuillerée à soupe de vin de porto ou de sherry sec
2 cuillerées à café d'huile
280 g de bœuf maigre coupé en deux tranches fines
2 tasses de bouquets de brocoli coupés en petits morceaux
1/2 tasse de têtes (10) de champignons noirs chinois, trempés dans l'eau chaude et essorés, ou de champignons frais
1/2 tasse d'oignon finement émincé
2 cuillerées à café de vinaigre de vin ou de vinaigre de cidre
1/3 de tasse de bouillon de bœuf
2 cuillerées à soupe de sauce vinaigrette (facultatif)
1/8 de cuillerée à café de poivre blanc fraîchement moulu

1. Mélangez l'ail et les échalotes, et laissez de côté. Mélangez la sauce au soja et le porto ou le sherry, et laissez de côté.
2. Faites chauffer une poêle anti-adhésive sur feu vif. Versez-y une cuillerée à café d'huile. Faites revenir la viande jusqu'à ce qu'elle perde sa couleur rose, pas plus d'une

minute. Retirez rapidement et mettez dans un plat creux.

3. Versez ensuite l'autre cuillerée à café d'huile. Sur feu vif, faites frire les brocolis pendant deux ou trois minutes. Ajoutez les champignons et laissez cuire trente secondes. Ajoutez l'oignon et laissez cuire trente secondes. Ajoutez l'ail et les échalotes et laissez cuire dix secondes.

4. Versez le mélange de sauce au soja et de vin, puis le vinaigre dans la poêle. Ajoutez le bouillon et laissez mijoter une minute. Ajoutez le bœuf, remuez dans le bouillon, et laissez cuire une minute. Si vous le désirez, ajoutez alors la sauce vinaigrette et mélangez. Poivrez et servez sur du riz.

LES DESSERTS

Toutes les recettes de ce chapitre excluent le maïs, le blé, le lait de vache, le sucre de canne, le soja et les œufs. Elles ne contiennent pas non plus de levure ni de houblon.

● Sorbet à la mousse d'ananas I, II, III

Pour 4 personnes

L'ananas pressé en purée et placé au congélateur se transforme en une mousse légère et aérée. Dans cette recette, l'arôme délicieux et la douceur naturelle de ce fruit tropical sont soulignés sans addition de sucre.

1/2 ananas mûr (2 tasses) ou 2 tasses d'ananas en conserve au naturel, sans sucre et avec son jus

1. Épluchez l'ananas et coupez-le en petits cubes. Réduisez-le en purée au mixer.
2. Si vous utilisez une sorbetière, suivez simplement les instructions du fabricant. Servez immédiatement.
Pour réussir le sorbet *sans* sorbetière : placez la purée d'ananas dans un moule à gâteau et laissez au congélateur pendant quarante-cinq à soixante minutes en remuant de temps à autre pour éviter la formation de cristaux de glace.

● Sorbet au pamplemousse I, II, III

Pour 4 personnes

Le parfum léger du pamplemousse rose associé au goût prononcé des clous de girofle font de ce dessert la conclusion fraîche et parfaite d'un repas. Il est très riche en vitamine C et ne contient que peu de calories.

2 tasses de jus de pamplemousse rose fraîchement pressé (3 pamplemousses de taille moyenne)
2 à 3 cuillerées à soupe de miel mélangées à 1 cuillerée à soupe d'eau
4 ou 5 clous de girofle

Si vous utilisez une sorbetière : mêlez le jus de pamplemousse et le miel mélangé à l'eau. Ajoutez les clous de girofle. Congelez selon les instructions du fabricant.
Si vous n'avez pas de sorbetière : mêlez le jus de pamplemousse et le miel mélangé à l'eau. Ajoutez les clous de girofle. Versez ce mélange dans un moule métallique à gâteau et placez au congélateur ou au freezer. Veillez à ce que le moule soit posé bien à plat à l'endroit le plus froid du freezer. Laissez au froid entre quarante-cinq et soixante minutes, en remuant de temps à autre pour éviter la formation de cristaux de glace.

• Fraises Cardinal III

Pour 4 personnes

La tendance est désormais aux dîners légers, et les desserts à base de fruits sont de plus en plus appréciés. Cette recette originale et délicieuse aura, croyez-moi, du succès.

1 1/3 tasse de fraises coupées
1/3 de tasse de jus d'orange fraîchement pressé
1/2 tasse de framboises

1. Laissez mariner les fraises dans le jus d'orange pendant une à quatre heures.
2. Réduisez les framboises en purée au mixer, et passez cette purée dans un linge pour filtrer les graines.
3. Pour servir, retirez les fraises du jus d'orange, et disposez-les dans des ramequins ou de petites coupes, puis nappez de sauce à la framboise.

● Pommes au four I, II, III

Pour 2 personnes

Ce dessert classique prend ici une saveur particulière grâce au sirop d'érable et aux épices qui y sont ajoutés.

2 pommes
1 cuillerée à soupe de sirop d'érable
Cannelle, clous de girofle et noix de muscade moulus selon goût

1. Retirez la queue des pommes et évidez-les. Emplissez la cavité de sirop d'érable et d'épices si vous le désirez.
2. Faites préchauffer le four à 200°.
3. Disposez une feuille de papier d'aluminium dans un moule à gâteau. Placez les pommes dans le moule. Mettez au four. Réduisez la température à 180° et laissez cuire au milieu du four pendant quinze à vingt minutes jusqu'à ce que les pommes soient juste tendres lorsque vous les percez de la pointe d'un couteau. Servez tiède.

● Poires à la vapeur I, II, III

Pour 2 personnes

Ce dessert délicat et subtil mêle les parfums des épices et la douceur naturelle des poires. Une excellente conclusion pour un repas fin.

2 poires mûres
1/8 de cuillerée à café de cannelle moulue
1/8 de cuillerée à café de noix de muscade moulue
1 cuillerée à soupe de miel

1. Évidez les poires. Remplissez les cavités d'épices et de miel. (Ne retirez pas la base du cœur afin d'éviter que le liquide coule des fruits pendant la cuisson).
2. Disposez les poires debout sur une assiette.
3. Versez de l'eau dans votre cuit-vapeur et amenez-la à ébullition. Disposez ensuite l'assiette dans le cuit-vapeur, et couvrez. Laissez cuire pendant cinq à dix minutes, jusqu'à ce que les poires soient tendres. Retirez du cuit-vapeur et servez tiède.

Troisième partie

LA RECONSTRUCTION DE VOTRE SYSTÈME DE DÉFENSE

10

Votre pouvoir de défense à votre service

Le régime et les recettes qui figurent dans la partie précédente vous aideront à éliminer de votre alimentation tous les produits qui sont susceptibles de nuire à votre système de défense, tout en vous faisant perdre vos kilos excédentaires. C'est l'aspect ÉLIMINATION du régime Berger. La suite de cet ouvrage est consacrée à la phase de RECONSTRUCTION. Vous vous forgerez ainsi un système de défense fort et efficace qui vous permettra d'être toujours en excellente santé.

Toutefois, avant d'entreprendre le régime Berger, vous avez besoin de savoir où en est actuellement votre système de défense et de pouvoir ensuite en mesurer les progrès au fur et à mesure que vous avancerez dans le régime.

OÙ EN EST VOTRE SYSTÈME DE DÉFENSE?

C'est grâce à l'évaluation de votre quotient de défense que vous allez être renseigné.

Le quotient de défense (que nous appellerons Q.D. pour simplifier) est une manière nouvelle de déterminer l'état de votre système de défense. Il se fonde sur différents facteurs : votre alimentation, votre niveau d'exercice et de stress, et votre mode de vie personnel.

Le quotient de défense tient compte aussi bien des éléments qui peuvent être favorables au bon fonctionnement de votre organisme que des facteurs, comme les allergies alimentaires cachées et les aspects négatifs de votre vie (tabac, abus d'alcool), qui peuvent lui nuire.

COMMENT MESURER
VOTRE QUOTIENT DE DÉFENSE?

Vous trouverez dans les chapitres suivants six petits questionnaires. Répondez aussi précisément que possible à chaque question. Si vous répondez très consciencieusement, ces questionnaires vous donneront une évaluation précise de votre santé actuelle. Lorsque vous aurez obtenu votre total pour chaque questionnaire, inscrivez-le dans la case appropriée page 232. Lorsque vous aurez répondu aux six questionnaires, calculez votre total général pour obtenir votre quotient de défense global.

Vous saurez ainsi de quels suppléments alimentaires vous avez besoin pour que votre système de défense fonctionne de la manière la plus efficace possible, quel équilibre entre vitamines, minéraux, et amino-acides vous est nécessaire. Votre quotient de défense vous situe dans une des cinq catégories possibles. Il n'existe pas de « bonne » ni de « mauvaise » catégorie; chacune indique simplement quel programme particulier de suppléments mobilisera votre système de défense pour qu'il fonctionne parfaitement bien.

UN PROGRAMME PERSONNALISÉ

Mon objectif n'est pas seulement de vous faire comprendre le rôle spécifique que jouent des substances comme le zinc, la vitamine E, l'acide linoléique ou le tryptophane dans votre organisme. N'importe quel ouvrage de nutrition le fera très bien. Mon but est de vous montrer comment ces éléments peuvent se conjuguer dans votre propre cas.

Vous verrez votre quotient de défense progresser régulièrement à mesure que vous suivrez mon programme. J'ai assisté à des changements spectaculaires chez mes patients. Vous aussi, vous aurez de plus en plus de lymphocytes protecteurs, d'anticorps et de substances de toutes sortes qui sont indispensables à une défense efficace de l'organisme.

Les résultats les plus importants ne seront pas ceux que l'on constatera au microscope, mais ceux qui se produiront dans votre vie : votre bien-être, votre silhouette, votre dynamisme. A la fin de ce programme, vous pouvez vous attendre à toutes sortes d'améliorations dans tous les domaines de votre santé. Les douleurs articulaires, les maux de tête, les troubles de la peau et les problèmes gastriques seront sans nul doute très atténués, de même que la fatigue, la dépression et l'insomnie.

LA QUANTITÉ N'ENTRAÎNE PAS NÉCESSAIREMENT LA QUALITÉ

Pourquoi chercher à établir une évaluation personnelle de votre santé? Si ces suppléments sont bons pour la santé, ne vaudrait-il pas mieux en donner à chacun les plus grandes quantités possibles? Surtout pas! Les recherches indiquent qu'un grand nombre de ces substances ne permettent une santé optimale que si elles sont consommées en quantités bien précises. Si votre organisme contient une quantité suffisante d'une substance donnée, le fait d'en prendre des doses mêmes minimes vous entraînerait dans l'excès, et votre système de défense en tirerait moins de bénéfices que si vous n'aviez rien pris du tout!

L'excès de consommation de certains nutriments essentiels risque également d'entraîner une insuffisance de nutriments complémentaires. Un tel déséquilibre de l'organisme peut provoquer toute une série de réactions allergiques. Devant le nombre croissant de suppléments alimentaires pris ainsi sans prescription médicale, de nombreux spécialistes s'inquiètent.

Même si nous ne souffrons pas de réactions allergiques spécifiques, beaucoup de nutriments sont plus efficaces à doses limitées : C'est le cas notamment du fer, du zinc, et des vitamines B.

LES NUTRIMENTS, SOURCES DE DYNAMISME?

N'importe quel médecin peut accéder à des informations précises quant aux différents médicaments, à leur posologie, à leurs effets et aux contre-indications. On peut trouver toutes sortes de renseignements précis sur des médicaments très toxiques, très spécialisés, ou que l'on n'emploie que rarement. Et pourtant, il existe très peu d'informations précises dans un domaine aussi simple que celui des suppléments de vitamines et de minéraux.

Au cours de mes années d'étude et de pratique de la médecine, et en me livrant aux recherches nécessaires pour la rédaction de cet ouvrage, j'ai consulté de nombreux livres et des programmes informatiques sur ce sujet précis. Je suis toujours surpris du peu d'attention que l'on a prêté aux effets de ces suppléments naturels sur le système de défense.

Heureusement, la situation évolue et de nombreux travaux sont en cours dans ce domaine. Selon les autorités responsables, les découvertes dans cette science révolutionnaire doublent tous les quatre ans. Ce qui nous entraîne à cette constatation frappante : *la moitié* de ce que nous savons aujourd'hui des substances favorables au système de défense a été découvert depuis quatre ans ; et dans quatre ans, nous devrions en savoir *deux fois plus*. Les médecins, les épidémiologistes, les chercheurs et les biostatisticiens ont commencé à étudier les effets des suppléments alimentaires sur des échantillons importants de personnes au cours de périodes prolongées. La communauté scientifique commence à comprendre que tout le domaine de la nutrition et de l'immunologie représente le plus grand espoir de modifier radicalement notre idée de la santé en apprenant à *prévenir* les maladies et les souffrances. Sans doute pensez-vous que de nombreux médecins conseillent à leurs patients de prendre des vitamines et des sels minéraux et peut-être vous trouverez-vous dans ce cas. Mais mon expérience me permet d'affirmer que les doses restent trop faibles pour parvenir à un fonctionnement parfait du système de défense.

Nous avons besoin de quantités *beaucoup plus élevées* de certains nutriments pour être en bonne santé et nous sentir réellement dynamiques et vigoureux.

11

Les vitamines et le système de défense

Dans la deuxième partie, vous avez appris à éliminer les aliments toxiques et à éviter les perturbations qu'ils provoquent. Mais il ne s'agit là que d'une partie du régime Berger. Les chapitres qui suivent vous montreront comment utiliser ces bases solides pour reconstruire votre système de défense.

TAILLEZ VOS CRAYONS

Mais je voudrais tout d'abord vous laisser vous exprimer, afin de déterminer les vitamines dont vous avez besoin. Voici le premier questionnaire qui permettra d'établir votre quotient de défense; il est consacré aux vitamines. Il vous donnera un tableau très précis des vitamines dont vous avez besoin, et de celles que vous consommez déjà en quantités suffisantes.

Le questionnaire des vitamines

Entourez un nombre pour chaque question. A la fin du questionnaire, faites votre addition, qui vous donnera votre Q.D. pour les vitamines. Inscrivez ensuite ce résultat dans la case appropriée page 232.

1. Au cours de l'année écoulée, combien de fois avez-vous souffert de rhumes, de grippes ou d'autres petites maladies infectieuses ?

5 Jamais
4 Une fois
3 Deux à trois fois
2 Quatre à cinq fois
1 Plus de cinq fois

2. Buvez-vous des boissons alcoolisées ?

5 Jamais
4 Oui, moins d'une boisson par jour
3 Oui, environ deux boissons par jour, ou plusieurs boissons une fois par semaine
2 Oui, plusieurs boissons plus d'une fois par semaine
1 Oui, plusieurs boissons par jour

3. Quel est l'état de votre peau ?

5 Peau toujours saine, teint clair
4 Vous avez eu de petits problèmes par le passé, mais votre peau est saine maintenant
3 Vous avez des problèmes de temps à autre
2 Vous avez des problèmes fréquents
1 Vous souffrez de problèmes chroniques et importants

4. Prenez-vous des contraceptifs oraux (pour les femmes seulement) ?

5 Non
4 Pas pour le moment, mais j'en ai pris lors des six derniers mois
3 Oui
2 Oui, et il m'arrive également de boire de l'alcool
1 Oui, et je bois également de l'alcool, et je fume

5. Comment est votre appétit ?

5 Excellent, et il l'a toujours été
4 Il est généralement bon
3 Il est moins bon que dans le passé
2 La nourriture ne me semble plus aussi attrayante
1 Je dois m'obliger à manger

6. Quelles sont vos habitudes alimentaires quotidiennes ?

5 Plusieurs petits repas et en-cas équilibrés; j'évite les produits contenant des additifs chimiques

4 Des repas généralement nourrissants et équilibrés, mais pas toujours

3 Je saute souvent des repas, et ma nourriture n'est pas très variée

2 Je prends plus d'en-cas que de vrais repas, et je ne me soucie pas de la nutrition

1 Il m'arrive souvent de me jeter sur la nourriture et de faire des excès

7. Mangez-vous beaucoup de fruits et de légumes frais ?

5 Au moins une fois par jour

4 Souvent, mais sans doute pas tous les jours

3 De temps en temps

2 Rarement

1 Pratiquement jamais

8. Mangez-vous souvent dans les restaurants « fast-food » ?

1 Jamais

4 Une fois par semaine ou moins

3 Deux à quatre fois par semaine

2 Presque tous les jours

1 Au moins un repas par jour

9. Lorsque vous avez un rhume, êtes-vous gêné au point de devoir consulter un médecin ?

5 Non, jamais

4 Cela m'est arrivé, mais rarement

3 Parfois

1 Oui, souvent

10. D'une manière générale, vous souvenez-vous de vos rêves ?

5 Presque toujours

4 Souvent

3 Parfois

2 Rarement

1 Jamais

11. Avez-vous souvent des courbatures ?
5 Non
3 Oui, mais assez modérées
1 Oui, très importantes

12. Avez-vous souvent des « bleus » sur la peau ?
5 Non, jamais
4 Très rarement
3 Parfois
1 Souvent

13. Comment est votre santé maintenant, comparée aux années précédentes ?
5 Elle a toujours été bonne, autant que je me souvienne
4 Elle est meilleure maintenant que dans le passé
3 Elle est à peu près semblable, avec des maladies de temps à autre
2 Elle est nettement moins bonne que par le passé
1 Elle a toujours été mauvaise

14. Vos jambes, vos bras ou vos mains sont-ils douloureux au réveil ?
5 Non
4 Très rarement
3 De temps à autre
2 Souvent
1 Presque toujours

15. Avez-vous une aussi bonne mémoire que lorsque vous aviez 20 ans ?
5 Oui, aussi bonne ou même meilleure
4 Pas tout à fait aussi bonne
2 Nettement moins bonne
1 J'ai souvent des trous de mémoire et des difficultés de concentration

16. Travaillez-vous sous des lumières fluorescentes fortes ?
5 Rarement
4 Parfois
3 Souvent
1 Chaque jour

17. Passez-vous plusieurs heures par jour devant un écran de télévision ou d'ordinateur ?
5 Non
4 Parfois
3 Souvent
1 Chaque jour

18. Comment est votre taux de cholestérol, si vous le connaissez ?
5 Très bas
4 Faible à moyen
3 Moyen à élevé
2 Élevé
1 Très élevé

Q.D. TOTAL POUR LES VITAMINES : _____ (à inscrire page 232)

L'IGNORANCE PEUT ÊTRE NUISIBLE

Pourquoi un tel questionnaire ? N'avez-vous pas déjà probablement toutes les vitamines dont vous avez besoin ? Vous pensez peut-être que, comme vous vous nourrissez relativement bien, ou comme vous prenez des vitamines multiples, vous avez tout ce qu'il vous faut. Eh bien, vous avez entièrement tort.

Aux États-Unis, des études sont effectuées régulièrement sur l'alimentation de personnes moyennes, de santé normale. Chaque fois, ces recherches font apparaître des *insuffisances de vitamines alarmantes.* Les résultats des études les plus récentes montrent que nous manquons de vitamines A et C, ainsi que de vitamines B comme la thiamine, la pyridoxine et la riboflavine, de calcium, de fer et de magnésium.

On me pose souvent la question suivante : « Mais si j'avais une carence vitaminique, est-ce que je ne m'en apercevrais pas ? » La réponse est non : 60 % des personnes souffrant de carence n'en manifestent pas de symptômes visibles. Vous ne sentez peut-être pas que quelque chose ne va pas, car ces symptômes sont souvent subtils et difficiles à identifier. Parmi les signes suivants, en existe-t-il qui s'appliquent à vous-même ou à votre famille ?

QUE SE PASSE-T-IL
EN CAS DE CARENCE VITAMINIQUE?

Rhumes et grippes
fréquents
Infections des oreilles, des
yeux, du nez ou de la
gorge
Manque d'énergie
Gonflement des glandes

Problèmes digestifs
Troubles sanguins
Nervosité, insomnies
Irritabilité
Difficultés de concentration
Angoisses
Problèmes de poids

Vous vous sentez peut-être légèrement diminué — pas aussi énergique, dynamique que vous aimeriez l'être, mais vous n'avez pas à vous contenter d'une santé médiocre. Vous n'avez aucune idée du bien-être que vous pourriez ressentir, et de la santé, de la vitalité que vous pourriez connaître en corrigeant vos insuffisances vitaminiques. Avec ces carences, vous avez le sentiment de regarder constamment la vie à travers une vitre sale, alors qu'un simple coup de chiffon pourrait vous permettre une vue brillante et dégagée.

LES VITAMINES FAVORABLES

De toute évidence, les vitamines font partie des éléments constitutifs les plus importants du système de défense. Nous savons depuis longtemps qu'il existe treize vitamines essentielles nécessaires à la croissance et à la santé.

Chacune d'entre elles remplit une fonction précise dans notre organisme. Vous sentez-vous plus fatigué que vous ne devriez l'être? Les personnes qui répondent « oui » à cette question souffrent généralement d'une carence en vitamines A, E ou C, ou d'un déséquilibre entre les vitamines B complexes. Vous êtes peut-être d'une nervosité excessive, qui vous pousse à vivre trop vite. Avez-vous du mal à trouver le sommeil? Êtes-vous souvent tendu, nerveux et anxieux? Faites-vous partie des gens qui réagissent de manière beaucoup plus forte aux stress d'ordre financier, professionnel et familial que les autres? Si vous vous reconnaissez dans cette description, vous feriez sans doute mieux de prendre des vitamines « tonifiantes » : la pyridoxine (vitamine B 6), la niacine (B 3) et la cobalamine (B 12).

Les humeurs et les émotions peuvent également refléter

votre taux de vitamines. Êtes-vous souvent déprimé ou mélancolique ? Laissez-vous souvent votre colère exploser ? Avez-vous constaté de fréquents changements d'humeur, qui font que vous vous sentez euphorique, puis déprimé en l'espace de quelques heures ? Si l'un de ces traits de caractère correspond à votre cas, il est possible que vos taux de vitamines soient déséquilibrés. Vous avez sans doute besoin de vitamines B, et plus particulièrement de thiamine (B 1) et de cobalamine (B 12).

Les vitamines construisent et renforcent les cellules de l'organisme, et elles travaillent également avec les enzymes pour accélérer les réactions chimiques dans votre corps. Cela signifie que des taux de vitamines équilibrés assureront à votre organisme une défense beaucoup plus efficace. Toutes les vitamines sont importantes, mais quatre d'entre elles sont particulièrement indispensables : les vitamines C, E, A et B complexes.

LA VITAMINE C : VOTRE ATOUT MAJEUR

La vitamine C a fait l'objet de plus de recherches que toute autre vitamine. J'ai dans mon bureau des piles de dossiers et d'études d'où ressort une évidence : il ne fait aucun doute que la vitamine C (ou acide ascorbique) entraîne les effets les plus positifs sur notre système de défense.

Voici quelques questions que vous pouvez vous poser pour évaluer votre taux de vitamine C :

- Êtes-vous souvent malade ? Faites-vous partie de ces gens qui semblent attraper tous les microbes qui circulent, et qui souffrent en permanence du rhume ou de la grippe ?
- Avez-vous fréquemment des marques bleues ou noires sur les bras ou les jambes à la suite de légères contusions ?
- Lorsque vous vous coupez, la cicatrisation vous paraît-elle particulièrement longue ?
- Souffrez-vous souvent de petites hémorragies nasales ?

Selon le *Journal de la nutrition*, une équipe de chercheurs internationaux dirigée par le docteur R. Anderson de l'université de Pretoria, en Afrique du Sud, a pu prouver que les cellules de défense de patients volontaires réagissaient de manière plus efficace aux agressions après qu'ils ont pris

195

des suppléments de vitamine C. Cette vitamine semble aider ces cellules à emprisonner et à détruire les bactéries envahisseuses.

L'équipe de chercheurs dirigée par le docteur W. Prinz, de l'université de Johannesburg, a montré que la vitamine C aide l'organisme à produire une substance chimique qui déclenche la création d'anticorps.

Le docteur Stephen Vallance, de l'hôpital de Birmingham, en Grande-Bretagne, a découvert que la vitamine C provoque directement une augmentation du nombre de tous les anticorps importants. Aux États-Unis, les docteurs Robert Gross et Paul Newberne se sont livrés à une étude approfondie de toutes les recherches effectuées dans ce domaine, et ont conclu que la vitamine C stimule les cellules qui « dévorent » les germes envahisseurs. Ils citent également des études qui montrent que cette vitamine renforce la capacité de nos globules blancs à lutter contre les substances étrangères qui s'infiltrent dans l'organime.

Le docteur Benjamin Siegel, pathologiste à l'université de Portland, a découvert par ses expériences que la vitamine C non seulement « augmente de manière significative [...] les réactions de défense », mais aussi qu'elle élève le taux d'interféron dans le sang, l'interféron étant l'une des substances chimiques les plus efficaces dans la lutte contre les germes infectieux.

En bref, la vitamine C renforce toutes les cellules de défense de notre organisme et les fait travailler de manière plus efficace.

Le docteur Linus Pauling, biochimiste éminent titulaire de deux prix Nobel, est connu depuis longtemps pour ses travaux qui montrent l'efficacité de la vitamine C dans la lutte contre le rhume commun. Une étude récente publiée dans le *Journal de la nutrition* confirme ces découvertes, en indiquant que les volontaires testés souffraient de vingt pour cent de rhumes en moins lorsqu'ils prenaient de la vitamine C, et que cette vitamine prévenait l'apparition du rhume chez un grand nombre de sujets.

J'ai fait cette constatation à maintes reprises dans mon cabinet. Cathy était une jeune femme charmante et dynamique d'environ trente-cinq ans qui vint me consulter l'an dernier. Son problème était simple : elle était malade en permanence. Il s'écoulait rarement trois semaines sans qu'elle ne couve un rhume, ne soit obligée de s'aliter ou ne se remette péniblement de cette maladie. Pour Cathy, l'hiver représentait une suite désagréable de rhumes, de maux de gorge, d'infections diverses, de larmes et d'éternuements. L'été était à peine plus supportable.

— Pendant un moment, j'ai pensé que cela venait de Gérard, me dit-elle en parlant du petit garçon de quatre ans qui sautait sur ses genoux. Vous savez que les enfants ramènent toujours des microbes à la maison. Est-il possible de faire quelque chose?

Ses tests indiquaient qu'elle ne souffrait d'aucun problème susceptible d'expliquer ses symptômes, mais qu'elle manquait de vitamine C. Je lui prescrivis donc un régime riche en vitamine C.

Je me demandais comment mon régime avait fonctionné pour Cathy, car elle n'était pas revenue dans mon cabinet. Un an plus tard environ, je la rencontrai dans un restaurant de mon quartier.

— Eh bien, docteur, me dit-elle, j'aimerais pouvoir vous dire que je n'ai pas eu un rhume depuis un an, mais ce serait faux. (Elle m'adressa un sourire malicieux.) J'en ai eu un. Point final. Cela représente environ une dizaine de rhumes de moins que l'an dernier. Je crois donc pouvoir dire que votre régime est une réussite!

E COMME EXCELLENCE

Comme la vitamine C, la vitamine E influence directement tous les éléments de la défense de l'organisme. Mais elle présente un avantage plus extraordinaire encore. On a souvent surnommé la vitamine E « vitamine de la jeunesse ».

Vous vous souvenez peut-être que j'ai brièvement évoqué les *radicaux libres*. On pense que ces molécules perturbent les processus cellulaires, détruisent les enzymes cellulaires essentielles et endommagent les membranes cellulaires, ce qui entraîne des mutations et des destructions des cellules.

Dans ses recherches célèbres, le docteur Denham Harman estime que les effets cumulés des dommages dus aux radicaux libres sont à l'origine du vieillissement. A cet instant précis, même si vous ne sentez rien, votre organisme s'emplit progressivement de radicaux libres, et ces saboteurs cellulaires perturbent de plus en plus votre corps. Si ces dommages sont suffisamment graves, vous pouvez être victime de maladies comme le diabète, la polyarthrite ou les troubles cardiovasculaires. Par ailleurs, ces substances perturbent chacun de vos milliards de cellules de défense, ce qui amoindrit votre résistance et vous expose à la maladie.

La vitamine E est l'un des antidotes les plus puissants que l'on connaisse contre les radicaux libres, car elle les désactive avant qu'ils n'aient pu attaquer les cellules.

Pour évaluer approximativement votre taux de vitamine E, voici quelques suggestions :

- Que se passe-t-il lorsque vous avez une égratignure, une brûlure ou une autre petite blessure ? La cicatrisation commence-t-elle immédiatement, et la blessure disparaît-elle en moins de deux semaines ? Ou au contraire, la cicatrisation vous semble-t-elle interminable ?
- Avez-vous des cicatrices qui ne se sont jamais complètement effacées ?

Si vous avez du mal à cicatriser, vous feriez sans doute bien de prendre des vitamines E et C, réparatrices de la peau.

Vitamine E et vie sexuelle

La vitamine E entretient l'énergie sexuelle des hommes, et elle est indispensable à la santé des testicules et à la sécrétion hormonale. Des études indiquent également qu'elle semble améliorer la fécondité des hommes comme celle des femmes. La vitamine E peut aussi élever temporairement l'énergie sexuelle. Peu de recherches ont été entreprises sur ce sujet, mais beaucoup de mes patients m'ont confié que lors des deux ou trois premières semaines de leur régime qui comportait de la vitamine E, leur énergie sexuelle avait augmenté de manière significative.

Plus que toute autre, la vitamine E est associée à l'activité sexuelle. Chez les femmes, elle soulage certains symptômes de la ménopause comme la migraine et les bouffées de chaleur, et elle régule le flux menstruel. Chez les hommes, elle permet de prévenir et de soigner les inflammations de la prostate, l'une des glandes sexuelles les plus importantes.

- La vitamine E entraîne aussi des effets directs sur le système de défense. Des médecins de l'université américaine Cornell ont montré que la vitamine E stimule la production d'anticorps et rend les cellules plus aptes à réagir aux germes infectieux.

- Des découvertes récentes d'une grande équipe de chercheurs japonais établissent que la vitamine E pousse les cellules T à réagir d'une manière plus rapide et plus puissante.
- Des microbiologistes américains ont montré que la vitamine E rend les animaux moins sujets aux infections bactériennes, et qu'elle améliore considérablement leur résistance à la maladie. Dans une de leurs études, la vitamine E provoquait une réaction plus forte de quarante pour cent aux germes du tétanos, et stimulait la production d'anticorps chez les souris.

LA VITAMINE A : VOTRE INDISPENSABLE ASSOCIÉE

La vitamine A partage un grand nombre des propriétés de la vitamine E. Un taux suffisant de cette vitamine permet « d'éponger » de manière efficace les radicaux libres avant qu'ils n'endommagent sérieusement les cellules. Sur ce plan, cette vitamine présente les mêmes avantages que la vitamine E pour la santé.

Que vous dit votre peau ?

Si vous voulez évaluer votre taux de vitamine A, votre meilleur outil est le miroir. Examinez soigneusement votre peau. Est-elle sèche ? Semble-t-elle sans vie, sans souplesse ni élasticité ? Si vous avez ce genre de problèmes, vous avez peut-être besoin de vitamine A pour reconstituer votre peau. (Les vitamines E et B complexe pourront également vous aider.)

Vos yeux sont-ils fatigués ?

Avez-vous des difficultés croissantes de vision lorsque la luminosité s'affaiblit ? Vous est-il arrivé de conduire à la nuit tombante ou dans l'obscurité et de ne pas distinguer la forme des autres véhicules, ou d'avoir du mal à lire les panneaux de signalisation ? Si vous avez répondu à ces questions par l'affirmative, vous manquez peut-être de vitamine A. Cette vitamine est en effet très importante pour la vision nocturne. Cependant, l'excès de vitamine A est aussi mauvais que son insuffisance, et vous devez donc veiller à ne pas dépasser les doses que je vous recommande au chapitre 14.

Par ailleurs, la vitamine A peut pousser chaque cellule immunitaire à lutter de manière *plus énergique*. Un groupe de chercheurs a constaté que la vitamine A ajoutée à des cellules de défense dans une éprouvette provoquait une augmentation de l'activité de ces cellules de cinquante à cent pour cent. Cela revient à faire lutter chaque cellule *deux fois plus fort*.

LES VITAMINES B : UNE GRANDE FAMILLE

Vous avez besoin de cette famille de vitamines — il existe en effet douze vitamines B — pour aider vos cellules à faire leur travail pour vous maintenir en bonne santé, dynamique et mince.

Un grand nombre de patients ont des difficultés à comprendre les vitamines B. C'est compréhensible, car leurs noms sont assez compliqués : plusieurs vitamines B ont deux noms, et quelques-unes ne sont même pas précédées du terme de vitamine. Pour clarifier la situation, voici la liste complète des vitamines B :

Thiamine B 1
Riboflavine B 2
Niacine B 3
Acide pantothénique B 5
Pyridoxine B 6
Cobalamine B 12

Acide folique
Choline
Inositol
Biotine (vitamine H)
Acide para-amino-benzoïque
PAB
Acide pangamique B 15

Chacune de ces vitamines a des propriétés particulières, mais elles fonctionnent en équipe, et pour travailler de manière efficace, elles doivent être bien équilibrées les unes par rapport aux autres. C'est pourquoi on les appelle souvent « vitamines B complexes ».

Les médecins commencent à faire état de résultats tout à fait surprenants de traitements aux vitamines B. J'ai obtenu l'un de mes résultats les plus spectaculaires avec un jeune homme de vingt-six ans prénommé Guy, dont les cheveux étaient déjà grisonnants. Depuis l'enfance, Guy avait connu toutes sortes de troubles du comportement et il était passé dans un grand nombre de cliniques, d'hôpitaux et de centres de psychothérapie. Il ne parvenait pas à conserver un emploi très longtemps. Il était alcoolique et souffrait d'insomnie chronique. Ses problèmes étaient si graves que sa propre mère avouait qu'il était « invivable ».

Je lui prescrivis un régime riche en pyridoxine, et en trois mois, il avait retrouvé le sommeil. Très rapidement, ses humeurs et son comportement s'améliorèrent considérablement. C'était comme si une autre personne était restée emprisonnée dans son corps pendant toutes ces années, car son agressivité et son instabilité laissèrent place à un caractère amical et chaleureux. Il parvint à trouver et à garder un emploi à plein temps et cessa rapidement d'abuser de l'alcool. Et − ce qui n'est pas le moins surprenant − ses cheveux retrouvèrent leur couleur châtain clair.

Les vitamines B ont des résultats vraiment spectaculaires. Il y a tant de documents à ce sujet que je les ai résumés en un tableau simple. Voici comment les vitamines B aident vos mécanismes de défense, et voici ce qui arrive lorsque vous n'en prenez pas suffisamment.

Que se passe-t-il en cas de carence de vitamines B?

Carence en...	Troubles du système de défense
Thiamine B 1	Réaction des anticorps plus faible. Baisse de volume du thymus.
Ribloflavine B 2	Réaction des anticorps plus faible.
Pyridoxine B 6	Réaction des anticorps plus faible. Grave perte de cellules T. Cellules de défense moins actives. Dommages dans les tissus producteurs de cellules de défense. Baisse de volume du thymus. Interruption du cycle de défense cellulaire.
Acide folique	Dommages dans les tissus producteurs de cellules de défense. Baisse de production des cellules de défense. Amoindrissement des défenses des cellules.

Acide pantothénique	Interruption du cycle de défense cellulaire. Réaction des anticorps plus faible. Perturbation du fonctionnement des cellules de défense.
Biotine	Affaiblissement de la réaction primaire des anticorps. Affaiblissement de la réaction secondaire des anticorps.
Cobalamine B 12	Dommages dans les tissus producteurs de cellules de défense. Baisse de production de cellules de défense. Affaiblissement de la lutte contre les bactéries.

Dans la famille des vitamines B, l'une des plus essentielles est la B 6 ou pyridoxine. Les chercheurs ont fréquemment constaté qu'une insuffisance de cette vitamine entraîne une baisse de volume des tissus immunitaires. Le thymus et la rate, deux organes particulièrement importants de notre système de défense, ont besoin de pyridoxine pour fonctionner normalement. Par ailleurs, la carence de vitamine B 6 est associée à une baisse du nombre des cellules de défense dans les ganglions lymphatiques.

La vitamine B 6 et l'œdème

Regardez attentivement vos chevilles, vos poignets, votre cou et vos cuisses : avez-vous des œdèmes ? Il s'agit de dépôts d'eau dans les tissus, qui provoquent un gonflement. Beaucoup de femmes connaissent ce problème juste avant leurs règles. La vitamine B 6 (pyridoxine) peut vous aider à le surmonter.

Si vous souffrez d'œdème, vous avez peut-être besoin d'augmenter votre consommation de vitamine B 6 (pyridoxine). A doses correctes, elle fonctionne comme un diurétique naturel et inoffensif, qui aide l'organisme à se débarrasser de ses excédents d'eau.

Prenez vos vitamines B en connaissance de cause

Si vous prenez des vitamines B, voici quelques points à ne pas oublier :

- La pyridoxine (vitamine B 6) est un diurétique et vous fera peut-être uriner fréquemment. Il est déconseillé de prendre cette vitamine avant de vous coucher; prenez-la de préférence dans la matinée ou l'après-midi.
- Les autres vitamines B risquent de vous empêcher de dormir. Par mesure de sécurité, mieux vaut prendre toutes vos vitamines B le matin.

IL NE FAUT PAS ABUSER DES BONNES CHOSES

Sachant tout cela, ne vous semble-t-il pas nécessaire de prendre le plus de vitamines possible ? Ne faites surtout pas cela. Contrairement à l'argent et aux amis, la surabondance de vitamines n'est pas une bonne chose. Chaque vitamine fonctionne de manière optimale à une dose bien précise, et l'abus peut être aussi mauvais, ou pire, que l'insuffisance.

Les vitamines dont vous avez besoin dépendent de votre âge, de votre sexe, de votre alimentation, de votre état de santé, de votre niveau d'exercice et de stress, et de nombreux autres facteurs. Vous verrez un peu plus loin comment établir vous-même les doses qui vous conviennent.

PRENEZ VOS VITAMINES
SOUS DES FORMES FACILES A AVALER

C'est parfois une corvée que de transporter et même d'avaler tout un arsenal de pilules. Voici les conseils que je donne à mes patients pour qu'ils prennent leurs vitamines sans contrainte ni souci.

- Les complexes multivitaminés comprennent plusieurs vitamines ainsi que quelques minéraux dans une capsule facile à avaler. Vous pourrez sans doute en trouver un qui contiendra plusieurs des vitamines dont vous avez besoin. Ne vous inquiétez pas si les doses sont légèrement différentes de celles que je recommande. Tant que la formule respecte approximativement les proportions entre les différentes vitamines, ce supplément sera efficace et vous apportera les nutriments qu'il vous faut sans vous imposer de désagrément.
- Certaines vitamines sont plus efficaces si on les prend à un moment précis de la journée. Si les vitamines C et E peuvent être prises à n'importe quelle heure de la journée ou de la soirée, les vitamines A et D doivent être avalées dans la matinée pour avoir un

rendement optimal, et vous pouvez prendre les vitamines B complexes dans la matinée ou au début de l'après-midi.

- Lisez toujours soigneusement les étiquettes. Très souvent les vitamines contiennent des additifs comme l'amidon, la levure, le sucre ou le maïs, qui risquent d'entraîner des problèmes d'allergie. Pour prévenir ce problème, achetez toujours des vitamines hypo-allergéniques.
- Lorsque vous achetez des vitamines B ou C, essayez de trouver des formules dites « à retardement ». L'organisme les absorbera mieux sous cette forme.

12

Les minéraux :
la force de vos cellules

Les minéraux renforcent vos cellules et leur apportent la nourriture dont elles ont besoin, pour que les milliards de petits soldats de votre système de défense puissent faire leur travail. Ce sont des éléments vitaux, qui conservent vos cellules, et vous-même, en bonne santé, énergiques et résistants.

Tous les minéraux n'agissent pas de manière égale. Il existe une famille particulière de *quatre minéraux indispensables* pour l'entretien de nos cellules : le zinc, le fer, le cuivre et le sélénium.

Les minéraux se divisent en deux catégories : ceux dont votre organisme a besoin en grandes quantités, et ceux dont il ne lui faut que des doses minimes.

Grandes quantités	Doses minimes
Calcium	Cuivre
Magnésium	Zinc
Sodium	Fer
Potassium	Manganèse
Soufre	Chrome
	Sélénium
	Lithium
	Rubidium

Pour trouver les minéraux dont vous avez besoin, prenez un moment pour répondre à ce bref questionnaire.

Le questionnaire des minéraux

1. Dans l'ensemble, êtes-vous satisfait de votre vitalité sexuelle?

5 Très satisfait
4 Généralement satisfait, mais pas toujours
3 Ni satisfait, ni mécontent
2 Mécontent; j'aimerais avoir plus de vitalité
1 J'ai de sérieux problèmes dans ce domaine

2. Comment sont vos cheveux?

5 Sains, épais et soyeux
4 Généralement sains, avec de temps à autre des pellicules ou des mèches grasses
3 Secs, cassants ou prématurément blanchis
2 Très secs, sans vie
1 J'ai toujours eu des problèmes avec mes cheveux

3. Avez-vous des taches blanches sur les ongles?

5 Je n'en ai jamais remarqué
4 J'en ai remarqué, mais rarement
3 De temps à autre
2 J'en ai pour le moment
1 Généralement ou toujours

4. Comment cicatrisent vos petites brûlures ou vos égratignures?

5 Très rapidement, presque du jour au lendemain
4 Généralement assez vite, en quelques jours
3 Relativement lentement, en une semaine environ
2 Nettement plus lentement que par le passé
1 Très lentement

5. Comment est votre humeur?

5 Je suis toujours d'humeur égale
4 Je suis généralement d'humeur égale
3 J'ai constaté que je suis plus angoissé ou mélancolique que par le passé
2 Mes humeurs sont très changeantes
1 J'ai vraiment du mal à contrôler mes humeurs

6. Votre poids est-il supérieur à la normale ?

5 Non, et il ne l'a jamais été
4 Pas actuellement, mais il l'a été dans le passé
3 Mon poids varie beaucoup
2 Je pèse actuellement plus de trois kilos de trop
1 J'ai toujours eu des problèmes de poids

7. Combien de vos dents sont dévitalisées ?

5 Aucune
4 Une ou deux
3 Trois ou quatre
2 Plus de quatre

8. Combien de fois par jour buvez-vous du café ou une autre boisson contenant de la caféine ?

5 Jamais
4 Une fois ou pas du tout
3 Deux ou trois fois
2 Entre quatre et sept fois
1 Plus de sept fois

9. Mangez-vous beaucoup de sucreries ?

5 Non, et je n'en ai jamais mangé beaucoup
4 Assez rarement
3 Parfois
2 J'aime les sucreries et j'en mange souvent
1 J'ai des fringales de sucreries

10. Prenez-vous des médicaments de type antacide ?

5 Pratiquement jamais
4 De temps en temps
2 Assez souvent
1 Quotidiennement

11. Vous arrive-t-il d'avoir des vertiges ?

5 Jamais
4 Pratiquement jamais
3 Parfois
1 Souvent, ou des vertiges graves

Q.D. TOTAL POUR LES MINÉRAUX : _____ (à inscrire page 232)

LE ZINC, SUPERMINÉRAL

Si je devais choisir le « plus vital » de tous les minéraux, ce serait le zinc.

- Le zinc maintient en bonne santé les organes essentiels du système immunitaire comme le thymus et les ganglions lymphatiques.
- Le zinc accroît la production de cellules T par notre organisme.
- Le zinc augmente l'efficacité de vos cellules T dans leur lutte contre les micro-organismes.
- Le zinc renforce vos macrophages (vos cellules balayeuses).

Il est indispensable de consommer des doses journalières suffisantes de zinc car notre organisme ne parvient pas à stocker des quantités très importantes de ce minéral essentiel. Vous avez certaines réserves de « minéraux stratégiques » (calcium, iode et fer par exemple), mais les chercheurs ont découvert que le corps ne dispose que de réserves très limitées de zinc. Par conséquent, si notre alimentation ne comporte pas suffisamment de zinc, nous risquons de souffrir de carence de ce minéral indispensable.

Risquez-vous de souffrir d'une carence en zinc ?

- Prenez-vous des contraceptifs oraux ? Si c'est le cas, vous risquez peut-être de connaître une insuffisance de zinc, selon certaines études. Des chercheurs belges ont découvert que de nombreuses femmes qui prenaient des contraceptifs oraux avaient des réactions de défense faibles. Après avoir pris du zinc pendant un mois, ces femmes avaient retrouvé des réactions normales.
- Êtes-vous enceinte ? Si c'est le cas, les recherches du docteur Lucille Hurley de l'université de Californie pourront vous concerner. Elle a en effet découvert que, lorsque les femelles d'animaux souffraient de carence chronique en zinc, leurs petits connaissaient des troubles du système de défense pendant toute leur vie. De plus, même si ces petits recevaient des quantités suffisantes de zinc dans leur alimentation, *leurs propres* petits manifestaient eux-mêmes des perturbations sérieuses du système immunitaire. En fait, il fallait *trois générations complètes* pour retrouver des animaux dont le système immunitaire fonctionnait normalement. Ces recherches sont si nouvelles que nous ne savons pas encore si la même chose s'applique à l'homme, mais elles semblent bien indiquer que le zinc est un minéral particulièrement important pour les femmes enceintes.
- Êtes-vous *trop gros* ? Dans ce cas, votre graisse excédentaire puise sans doute dans les réserves de zinc de votre organisme, ce qui vous entraîne dans un cercle vicieux d'obésité. En effet, un taux

trop faible de zinc provoque des fringales et vous gagnez du poids tout en vous enfonçant de plus en plus dans la zone dangereuse de la carence en zinc.

Si vous connaissez l'un des problèmes suivants, il est possible que vous souffriez d'une insuffisance en zinc :

- La nourriture ne vous semble pas aussi agréable que par le passé.
- Votre odorat semble amoindri.
- Il y a des points ou des taches blanches sur vos ongles.
- Vos égratignures et vos blessures légères cicatrisent très lentement.
- Vous avez du mal à clarifier vos idées, et à vous concentrer.
- Vous perdez vos cheveux.

Le zinc, le sexe et... les huîtres

Le zinc est également très important pour la sexualité masculine. C'est en effet dans la prostate et dans ses sécrétions que l'on trouve les plus fortes concentrations de zinc. Le zinc entretient la vitalité sexuelle et la qualité du sperme. Si les huîtres ont la réputation d'être aphrodisiaques, c'est qu'elles sont très riches en zinc; les germes de blé et le houblon contiennent également beaucoup de zinc.

Cette évocation de l'importance du zinc ne signifie pas que vous devez avaler des comprimés de zinc inconsidérément. Une étude récente indique que l'excès de zinc diminue l'action des cellules de défense. Manifestement, il existe une dose d'efficacité optimale pour le zinc. Je vous explique plus loin comment connaître la quantité précise de minéraux dont vous avez besoin personnellement.

OFFREZ-VOUS UNE SANTÉ DE FER

Vous avez souvent entendu dire de certaines personnes qu'elles sont dotées « d'une santé de fer ». Elles semblent capables de manger n'importe quoi, de boire excessivement, de dormir très peu, d'être sans arrêt en mouvement et de disposer de ressources d'énergie incroyables. Elles sont particulièrement résistantes aux maladies, et attrapent très rarement des rhumes et des grippes. Même lorsqu'elles sont malades, ces personnes « de fer » guérissent très vite et retrouvent leur entrain en quelques jours.

Ce terme de santé de fer s'appuie en réalité sur un principe biologique très solide; le fer est en effet l'un des minéraux dont vous avez particulièrement besoin pour bénéficier d'un système de défense puissant. Il agit de plusieurs manières :

- Il accroît notre résistance générale.
- Il entretient la santé de nos tissus.
- Il réactive nos cellules T.
- Il entre dans la constitution des substances chimiques dont nos cellules T ont besoin pour détruire les envahisseurs.
- Il donne un surcroît d'énergie à nos macrophages pour qu'ils se débarrassent des bactéries.

Le fer redonne aussi de la vitalité à nos *globules rouges,* les troupes de renfort dans la bataille qui nous maintient en bonne santé. La fonction des globules rouges consiste à transporter l'oxygène vital dans tous les tissus de l'organisme, et cette fonction est indispensable à la vie elle-même.

Évaluation rapide de votre taux de fer

Comment savoir si votre organisme contient suffisamment de fer? Soyez à l'affût des symptômes suivants :

- Fatigue chronique
- Malaise chronique
- Maladies ou infections fréquentes

Réservé aux femmes

Vous savez probablement que pendant vos règles, votre grossesse et en période d'allaitement, vous avez besoin de suppléments de fer. Les études indiquent que les femmes ont besoin de quantités de fer très supérieures à celles qu'il faut aux hommes, et qu'elles ne prennent très souvent que soixante pour cent du fer qui leur est nécessaire. Si vous avez un excès de poids, vous êtes davantage exposée aux risques de carence de fer.

Le fer est comme la plupart des autres nutriments : il ne faut pas en abuser. En effet, les bactéries dangereuses ont besoin de fer autant que vous, et un excès de fer dans le sang encourage leur développement.

LE CUIVRE : LE MINÉRAL MYSTÈRE

Je l'appelle ainsi car il existe très peu de recherches sur ce minéral, sinon de récentes études prouvant que le cuivre aide le système de défense à réagir contre les infections.

Le cuivre a une autre influence sur notre système de défense. Notre glande thyroïde a besoin d'une dose très précise de cuivre pour sécréter des hormones qui donnent de la vitalité.

Quel est votre taux de cuivre ?

Les déficiences en cuivre ne sont pas reconnues comme un problème très grave, mais vous en manquez si vous ressentez l'un de ces symptômes :

- Enflements des poignets et des chevilles
- Problèmes de peau, en particulier eczéma
- Fatigue chronique
- Infections fréquentes

LE SÉLÉNIUM ET L'ACTIVITÉ SEXUELLE

Le sélénium fait également partie de ces minéraux au sujet desquels nous ne disposons que de peu d'informations. Nous savons qu'un manque de sélénium semble entraîner un ralentissement notable des réactions de défense. Nous savons également que le sélénium en quantités appropriées s'associe à la vitamine E pour créer davantage d'anticorps, les munitions qu'utilisent nos cellules pour combattre les infections.

Le sélénium est un minéral particulièrement important pour les hommes, car le sperme est riche en sélénium, et lorsque ce minéral est évacué du corps, il doit être remplacé. Le son, les germes de blé et les brocolis sont de bonnes sources naturelles de sélénium.

PRENEZ-VOUS SUFFISAMMENT DE MINÉRAUX POUR ENTRETENIR VOS DÉFENSES ?

La réponse à cette question est : « Probablement pas. » Si on considère l'alimentation de la majorité des individus, il paraît difficile de se procurer de cette manière des doses suffisantes de chacun des minéraux nécessaires au système de défense. La plupart des aliments que nous consommons sont traités. Ils ont parfois l'aspect, ou même le goût, de produits nourrissants, mais selon toute probabilité, les vitamines et les minéraux qu'ils contenaient à l'origine se sont perdus au cours de la préparation, de la cuisson, du séchage, de la conservation, de la mise en boîte, du transport ou du stockage.

La plupart d'entre nous manquent de vitamines et de minéraux. Il est alors nécessaire de fournir à l'organisme des nutriments qui lui permettront de rester en bonne santé.

CONSEILS AUX ACHETEURS DE MINÉRAUX

Lorsque vous achetez des suppléments de minéraux, veillez à ce qu'ils portent la mention « *chélatés* ». Les minéraux chélatés sont traités de manière à être mieux assimilables par l'organisme. Les minéraux non chélatés ne sont parfois constitués que pour moitié sous une forme que votre corps peut assimiler. Le fait d'acheter des minéraux chélatés vous sera donc deux fois plus profitable.

13

Les amino-acides : pour maigrir

Si vous suivez le régime Berger dans le but de perdre du poids, lisez particulièrement attentivement ce chapitre. Il n'existe pas de domaine de recherche plus enthousiasmant que celui des découvertes étonnantes qui sont faites actuellement en ce qui concerne les vertus des amino-acides (ou acides aminés), qui vous font maigrir *tout en* améliorant votre santé.

Je vais vous montrer comment utiliser certaines de ces découvertes dans votre vie quotidienne. Vous verrez :

- Comment un coupe-faim à base d'amino-acides peut vous aider à réduire directement votre appétit d'une manière naturelle et sans risques
- Comment les amino-acides réduisent *indirectement* votre appétit en éliminant les sautes d'humeur et les fringales
- Comment les amino-acides vous aideront à mieux dormir
- Comment vous pouvez utiliser les amino-acides pour soulager la douleur
- Comment les amino-acides entretiennent votre mémoire et votre vivacité mentale.

Commencez par établir votre Q.D. en ce qui concerne les amino-acides.

Le questionnaire des amino-acides

1. Lors de l'année écoulée, combien de fois avez-vous mangé de manière excessive ?
5 Jamais
4 Une ou deux fois

3 Entre trois et cinq fois
2 Au moins une fois par mois
1 Chaque semaine ou plus souvent

2. Comment est votre mémoire ?
5 Elle a toujours été excellente
4 Il m'arrive d'être distrait
3 J'ai l'impression d'avoir de nombreux trous de mémoire, et c'est ennuyeux
2 J'ai le sentiment qu'elle n'est pas bonne

3. Lors du mois écoulé, combien de fois avez-vous eu du mal à trouver le sommeil ?
5 Pas une fois
4 Une fois
3 Quatre ou cinq fois
2 Plusieurs fois par semaine
1 Très souvent

4. Souffrez-vous souvent de gerçures, de démangeaisons ou d'herpès ?
5 Non
4 Il m'arrive d'avoir des gerçures autour des lèvres
3 Il m'arrive d'avoir des crises d'herpès génital
2 Je souffre souvent de gerçures et d'herpès génital

5. Souffrez-vous de maux et de douleurs chroniques ?
5 Non, jamais
4 Cela m'est arrivé dans le passé, mais pas récemment
3 De temps à autre, mais rien de grave
2 Je suis souvent gêné par de petites douleurs
1 Je souffre de douleurs chroniques qui m'empêchent de faire certaines choses

6. Avez-vous du mal à conserver un poids stable ?
5 Non, mon poids a toujours été normal
4 Je ne suis pas obèse, mais je suis toujours un régime
3 Mon poids est très variable
2 Je prends du poids très facilement
1 Quels que soient mes efforts, je ne parviens pas à maigrir

7. *Souffrez-vous d'arthrite?*

5 Non, jamais
4 Parfois de petites douleurs sans gravité
3 Je souffre assez souvent de douleurs modérées
2 Je souffre de douleurs importantes et chroniques

8. *Paraissez-vous jeune?*

5 J'ai toujours paru plus jeune que mon âge
4 J'ai un bon physique pour mon âge
3 J'ai un physique moyen pour mon âge
2 Mon âge se voit
1 Je parais plus que mon âge

9. *Vos cheveux poussent-ils vite?*

5 Très vite
4 Assez vite
3 Pas aussi vite que dans le passé

10. *Connaissez-vous de brusques sautes d'humeur et d'énergie?*

5 Non, jamais
4 Cela m'arrivait dans le passé, mais plus maintenant
3 Oui

11. *Comment sont votre concentration et votre vivacité mentale?*

5 Je suis très vif, énergique et bien organisé
4 Je suis généralement vif
3 Je laisse souvent échapper des détails
2 Mes idées ne sont plus aussi claires qu'avant
1 Je ne parviens plus à me concentrer aussi bien

12. *Votre profession vous impose-t-elle des horaires déréglés?*

5 Non. Je travaille de jour et j'ai régulièrement des journées de repos
4 Il m'arrive de faire des heures supplémentaires ou de travailler à un autre moment de la journée
3 Je voyage souvent et je suis perturbé par les décalages horaires
2 Mes horaires m'empêchent de dormir régulièrement

Q.D. TOTAL POUR LES AMINO-ACIDES : _____ (à inscrire p. 232)

LA RÉALITÉ DERRIÈRE LA PUBLICITÉ

Les « amines » sont devenus des produits magiques. Nous achetons des shampooings et des après-shampooings aminés, des lotions aminées pour la peau, et même des cosmétiques aminés. Malheureusement, ces termes ne sont bien souvent que des leurres publicitaires. Peu de personnes comprennent réellement en quoi ces amino-acides affectent notre santé et notre poids.

Tout d'abord, ce ne sont pas ce que l'on considère généralement comme des acides. Ils ne brûlent pas, n'attaquent pas la peau et ne sont pas corrosifs. Vous pouvez les avaler sans vous brûler la gorge. Ils doivent leur nom à leur appartenance à la famille chimique des acides.

Les amino-acides sont les éléments constitutifs de notre organisme. Nous les tirons des protéines de notre alimentation. Notre corps brise les protéines pour en séparer les différents amino-acides, puis il utilise ces éléments constitutifs en associations différentes pour produire nos cheveux, nos ongles, nos muscles, nos cellules, nos tissus, et les substances chimiques présentes dans notre organisme. Dans l'ensemble, notre corps a besoin de vingt-deux amino-acides différents.

Lorsque j'ai expliqué cela à l'une de mes patientes, sculpteur et artiste, son visage s'illumina :

— Je comprends, dit-elle, c'est tout simple. Cela ressemble aux différents éléments de couleur d'une mosaïque. Chaque couleur est différente, possède sa propre identité et ses caractéristiques, mais elles s'assemblent pour donner naissance au tableau !

J'ai été obligé de reconnaître qu'après des années de lectures et d'études sur ce sujet, je n'avais encore jamais vu d'explication plus appropriée que celle qu'elle venait de me donner.

FAITES LA CONNAISSANCE DE VOS AMINO-ACIDES

Il existe deux catégories d'amino-acides : les « non-essentiels », ceux que l'organisme est capable de produire, et les « essentiels », qui ne peuvent pas être synthétisés par notre organisme. Il faut se procurer des amino-acides essentiels par l'alimentation, car dans le cas contraire, notre organisme ne disposera pas de tous les éléments dont il a besoin pour remplir ses tâches chimiques complexes. Voici la liste des acides aminés :

Essentiels	Non essentiels
Histidine	Alanine
Isoleucine	Arginine
Leucine	Asparagine
Lysine	Aspartate
Méthionine	Cystéine
Ornithine	Cystine
Phénylalanine	Glutamine
Thréonine	Glutamate
Tryptophane	Glycine
Valine	Proline
	Sérine
	Tyrosine

Les scientifiques connaissent les amino-acides depuis très longtemps. Les informations nouvelles qui proviennent actuellement de tous les centres de recherche concernent les effets bénéfiques étonnants des amino-acides sur le système de défense et leurs bienfaits sur notre silhouette. Les amino-acides peuvent remplir trois fonctions pour vous : stabiliser votre humeur et votre énergie, réduire votre appétit et reconstituer les cellules protectrices de votre organisme.

LES AMINO-ACIDES ET VOTRE HUMEUR

Les amino-acides contribuent à la maîtrise des messagers chimiques de votre cerveau, appelés *neurotransmetteurs*.

Les neurotransmetteurs sont vitaux pour un grand nombre d'actions, de pulsions et d'émotions qui font de nous des êtres humains. Ils affectent la faim, la soif, les pulsions sexuelles, l'agressivité, la dépression, le sommeil, la colère, l'énergie, la pensée, et même la sociabilité. Ils affectent également nos processus mentaux supérieurs : la réflexion, la mémoire, la vivacité générale et l'acuité mentale.

Quel est le rapport entre tout cela et notre alimentation ? Chaque neurotransmetteur est constitué d'une quantité bien précise de différents amino-acides. Un bon équilibre des amino-acides peut vous aider à éviter la dépression et les angoisses qui poussent souvent les gens à manger excessivement, et par conséquent, de manière indirecte, à contrôler votre poids.

Chaque aliment contient des quantités bien précises de différents amino-acides, c'est pourquoi ce que vous mangez affecte nettement votre état mental. C'est ce que j'appelle la relation « nourriture-humeur ».

LES AMINO-ACIDES ET LES EXCÈS ALIMENTAIRES

Les amino-acides peuvent également vous aider à réduire les sentiments négatifs qui sont responsables des excès alimentaires. Il n'est pas nécessaire de consulter un psychiatre pour savoir le rôle déterminant que jouent les sentiments et l'état d'esprit dans les fringales alimentaires. Lorsque nous nous sentons seuls, tristes, ennuyés, angoissés, désespérés ou désabusés, nous avons souvent tendance à chercher le soulagement au bout d'une fourchette. Cela peut conduire à des fringales destructrices et à un comportement entièrement centré sur la nourriture : c'est vraiment ce que l'on peut appeler les excès alimentaires!

Les amino-acides peuvent vous aider! Ils sont plus doux et beaucoup moins dangereux que les puissants médicaments qu'utilisent de nombreux psychiatres, comme les antidépresseurs. Les amino-acides sont une solution idéale de la pharmacologie de la nature, qui nous permettent de briser le cercle vicieux de l'excès alimentaire.

LES DÉCOUVERTES DANS LE DOMAINE DE LA NOURRITURE ET DE L'HUMEUR

Un amino-acide, la *tyrosine*, joue un rôle déterminant dans notre état d'esprit. Elle produit un messager cérébral essentiel, la *dopamine*, qui régit un grand nombre de fonctions du cerveau : la pensée, la mémoire, la réflexion et l'équilibre affectif. Elle détermine également la force des pulsions sexuelles.

La *phénylalanine* permet à l'organisme de produire l'adrénaline, cette substance qui régit notre comportement en cas de stress. Mais l'adrénaline remplit également d'autres fonctions; elle contribue notamment à ouvrir les réserves dans lesquelles vous entreposez la graisse. De plus, de nombreux chercheurs pensent que les personnes souffrant de dépression sont peut-être affectées par un déséquilibre d'adrénaline. Il semble que la phénylalanine puisse aider les dépressifs.

La phénylalanine est un ingrédient important du « cocktail diététique » (voir page 245), du traitement des troubles du décalage horaire (voir page 244) et de la recette spéciale pour le cerveau (voir page 245). Cependant, cet amino-acide peut causer des problèmes à certaines personnes. Si vous souffrez d'hypertension artérielle, ou du déséquilibre des amino-acides appelé phénylcétonurie, *ne prenez aucune alimentation* contenant de la phénylalanine sans consulter préalablement votre médecin.

Le tryptophane, un amino-acide essentiel, est fréquemment utilisé pour aider les personnes qui sont victimes de certains types de dépression chronique. Ces personnes manquent souvent de sérotonine, un neurotransmetteur important, et le tryptophane provoque une élévation de la sérotonine dans le cerveau.

Le tryptophane possède un autre effet merveilleux : c'est un somnifère naturel. Le sommeil est un élément biologique essentiel. Il reconstitue l'organisme, en dissipant les toxines accumulées après une longue journée. Si vous en prenez avant de vous coucher, il vous apportera une nuit de sommeil calme et profond.

La glutamine semble améliorer les facultés de concentration et de mémoire en donnant de l'élan à certaines substances du cerveau. Des psychiatres ont utilisé cet amino-acide pour soigner les personnes tabagiques, alcooliques ou droguées, car il amoindrit les sensations d'angoisse durant les périodes de manque.

Jean est un exemple parfait de la réussite des suppléments d'amino-acides. A quarante-deux ans, c'était un agent d'assurance prospère, qui avait trois enfants. Il vint me consulter car il souffrait de graves crises de dépression, et il suivait depuis trois ans un traitement classique à base d'antidépresseurs. Ce médicament s'était révélé assez efficace, mais pas totalement, et il souffrait encore de dépression de temps à autre.

Après trois ans, il avait commencé à craindre de devenir dépendant de ces produits, ce qui est un danger fréquent avec les antidépresseurs. Plus il y pensait, plus il devenait anxieux et dépressif. Il eut la sagesse de s'apercevoir qu'il sombrait dans un cercle vicieux, c'est pourquoi il me consulta.

Les tests de Jean révélaient un grave déséquilibre des amino-acides, son taux de tryptophane étant très faible et son taux de tyrosine très élevé. Je lui prescrivis un régime destiné à rétablir l'équilibre de ses amino-acides. Lorsqu'il revint trois mois plus tard, non seulement son équilibre était redevenu normal, mais il avait complètement interrompu son traitement aux antidépresseurs, pour la première fois depuis trois ans!

LES AMINO-ACIDES : LE THERMOSTAT DE VOTRE ÉNERGIE

Les amino-acides sont le thermostat de l'énergie de votre organisme : ils régulent la manière dont vous absorbez, digérez et utilisez les protéines, les hydrates de carbone, les sucres et les graisses. Dans l'idéal, notre organisme devrait nous maintenir dans un état de bonne humeur constante et joyeuse. Mais pour de nombreuses personnes ce n'est pas le cas, car les déséquilibres des régulateurs d'énergie du corps provoquent des baisses périodiques du taux de sucre dans le sang.

C'est à mon avis l'un des problèmes médicaux les plus importants et les plus rarement diagnostiqués. Le terme médical qui qualifie cette maladie est *hypoglycémie réactive*. Cela signifie qu'au lieu d'entretenir le niveau constant d'équilibre entre les sucres et les protéines dont nous avons besoin, l'organisme réagit de manière brutale et saccadée, en provoquant une rapide élévation du taux de sucre (hyperglycémie) avant de le freiner brusquement entraînant une baisse subite (l'hypoglycémie). Nous connaissons tous des personnes très nerveuses, qui s'emportent très facilement, et qui sont affligées d'« instabilité d'humeur ». Très souvent, ces personnes souffrent précisément de ce problème d'hyperglycémie suivie d'hypoglycémie, car le thermostat de leur organisme est déréglé.

Les personnes atteintes d'hypoglycémie réactive sont parfois également vulnérables à tous les germes infectieux qui passent autour d'elles, et souffrent souvent de rhume des foins, d'éruptions cutanées ou d'allergies. En un mot, le déréglage de leur thermostat d'énergie semble aller de pair avec un affaiblissement de leur système de défense.

SOUFFREZ-VOUS D'HYPOGLYCÉMIE?

L'hypoglycémie est un problème très répandu, mais trop souvent négligé. Posez-vous les quelques questions suivantes :

- Souffrez-vous souvent de « mélancolie », d'une légère dépression qui se dissipe rapidement ?
- Avez-vous souvent du mal à concentrer votre attention avant le déjeuner ou en fin d'après-midi ?
- Votre énergie passe-t-elle d'un niveau très élevé à un niveau très bas en l'espace d'une seule journée ?
- Souffrez-vous fréquemment d'angoisses ou de nausées ?
- A certains moments de la journée, devenez-vous nerveux et irritable sans raison ?
- Lorsque vous n'avez pas mangé depuis un moment, souffrez-vous de violents maux de tête, de malaises ou de vertiges ?
- Avez-vous constamment faim ?
- Êtes-vous d'une nervosité excessive et avez-vous du mal à trouver le sommeil ?
- Avez-vous souvent des sueurs froides ?

Si vous avez répondu par l'affirmative à trois au moins de ces questions, vous souffrez peut-être d'hypoglycémie sans le savoir, et vous devriez demander à votre médecin de vous faire subir un test de tolérance au glucose.

Si vous vous reconnaissez dans ces descriptions, le régime Berger vous apportera un soulagement considérable et rapide. Son programme équilibré en amino-acides est spécifiquement conçu pour corriger ces graves déséquilibres.

CONSEILS À PROPOS DES AMINO-ACIDES

Il y a deux règles essentielles à respecter pour que vos amino-acides vous soient vraiment profitables :

- Prenez vos suppléments d'amino-acides avec beaucoup de liquide.
- Ne les prenez pas juste avant ou juste après un repas lourd; les protéines que vous consommerez empêcheront la bonne assimilation des amino-acides. Ceux-ci doivent toujours être pris à jeun une heure avant les repas ou au moment de vous coucher.

LES AMINO-ACIDES
CONSTRUCTEURS DE CELLULES

Les amino-acides renforcent directement nos cellules de défense. Les recherches dans ce domaine sont si récentes et si novatrices qu'elles n'ont jusqu'à présent été effectuées que sur des animaux dans la plupart des cas. Cependant, ces études montrent à maintes reprises qu'un bon équilibre des amino-acides augmente le nombre d'anticorps et aide l'organisme à lutter contre les infections.

L'*arginine* est un amino-acide très prometteur en ce qui concerne le système de défense. Des recherches sont actuellement en cours pour définir son rôle bénéfique.

LE TRAVAIL D'ÉQUIPE EST INDISPENSABLE
POUR LES AMINO-ACIDES

Le travail d'équipe est le secret de l'efficacité des amino-acides. Plus que tout autre nutriment, ces substances doivent être parfaitement équilibrées. En fait, de nombreux acides aminés, comme la lysine et l'arginine, doivent fonctionner en proportions très précises. Pour être efficaces dans leur rôle, les amino-acides doivent être absorbés avec un équilibre parfait.

Cependant, ces substances peuvent entraîner des problèmes si vous les consommez de manière abusive. Des doses mal calculées n'auront pas l'effet désiré. C'est la raison pour laquelle toutes les recettes, ainsi que l'ensemble du régime Berger, comportent des amino-acides inoffensifs, complémentaires et bien équilibrés. Il s'agit toujours de *doses qui ne peuvent présenter aucun risque.*

Il est essentiel que vous respectiez absolument les recommandations que je viens de vous donner. *La consommation imprudente de ces substances risque de déséquilibrer votre organisme.* N'oubliez pas, chaque fois que vous prenez un flacon de ces produits puissants, que vous devez l'utiliser comme s'il portait la mention : PRUDENCE.

14

Utilisez votre quotient de défense

Vous êtes pratiquement prêt à calculer votre quotient de défense global que nous désignerons, pour simplifier, par les deux lettres Q.D. Vous connaîtrez ensuite les vitamines, les minéraux et les amino-acides qui vous sont indispensables.

Mais il vous reste auparavant à répondre à trois petits questionnaires. Il est nécessaire d'évaluer votre style de vie, ainsi que vos niveaux de stress et d'exercice pour parvenir au Q.D. *le plus précis et le plus utile possible.*

QUEL EST VOTRE MODE DE VIE?

Votre système de défense est affecté par tous les aspects de votre existence : votre hérédité, vos activités, vos habitudes, votre profession et un grand nombre d'autres facteurs.

Le questionnaire du mode de vie

1. Existe-t-il dans votre famille des problèmes d'alcoolisme?
5 Non
4 Oui, il concerne un parent proche

3 Il concerne plus d'un parent proche
2 J'ai connu moi-même des problèmes d'alcoolisme
1 J'ai actuellement un problème d'alcoolisme

2. En moyenne, combien de cigarettes fumez-vous chaque jour?

5 Aucune, et je n'ai jamais fumé
4 Aucune pour le moment, mais je fumais régulièrement dans le passé
3 Moins d'un demi-paquet
2 Environ un paquet par jour
1 Plus d'un paquet par jour

3. Combien de fois avez-vous été hospitalisé?

5 Jamais
4 Une fois, pour un problème sans gravité ou un accouchement
3 Plus d'une fois, mais seulement pour des ennuis mineurs, sans intervention chirurgicale
2 Une fois pour une maladie ou une intervention chirurgicale importante
1 Plus d'une fois pour des maladies ou des interventions graves

4. Existe-t-il dans votre famille des cas de cancer?

5 Non
4 Oui, chez un parent proche
3 Oui, chez plus d'un parent proche
1 J'ai connu moi-même ce type de maladie

5. Combien de médicaments prenez-vous actuellement?

5 Aucun
4 Un ou deux
3 Trois ou quatre
2 Cinq ou six
1 Plus de six

6. Utilisez-vous des drogues?

5 Non
4 Pas actuellement, mais j'en ai utilisé
3 Oui, mais très rarement
2 Oui, régulièrement
1 Je suis/j'ai été toxicomane

7. Combien de fois mangez-vous des viandes traitées (lard, saucisses, charcuteries, etc.) ?

5 Jamais
4 Très rarement
3 Au moins une fois par semaine
2 Plusieurs fois par semaine
1 Au moins une fois par jour

8. Lorsque vous faites des achats, lisez-vous les étiquettes des produits pour vous assurer qu'ils ne contiennent pas d'additifs ?

5 Oui, et j'évite toujours les produits qui contiennent beaucoup d'additifs
4 Parfois, mais pas systématiquement
2 Très rarement
1 Je ne m'en soucie pas du tout

9. Étant donné votre état de santé actuelle, vous attendez-vous à tomber malade lors des six prochains mois ?

5 Pas du tout
4 Probablement pas
3 J'aurai peut-être un rhume ou une grippe sans gravité
2 J'aurai sans doute plus d'une petite maladie
1 Je suis malade actuellement

10. Suivez-vous un traitement aux antibiotiques ?

5 Non
4 Pas actuellement, mais cela m'est arrivé lors de l'année écoulée
3 De temps à autre
1 Oui

11. Souffrez-vous d'allergies ?

5 Jamais
4 Cela m'est arrivé autrefois, mais c'est terminé
3 Seulement des légères allergies saisonnières
2 Des allergies légères pendant toute l'année
1 Les allergies sont un véritable problème pour moi

12. Comment décririez-vous votre santé ?

5 Excellente, comme toujours
4 Meilleure que dans le passé, et elle continue à s'améliorer

3 Généralement bonne
2 Pas aussi bonne que dans le passé
1 Mauvaise, ou de plus en plus mauvaise

13. *Allez-vous régulièrement à la selle?*
5 Très régulièrement
4 Généralement régulièrement
3 Je souffre parfois de diarrhée
2 Assez irrégulièrement
1 Je souffre souvent de constipation

14. *Quelle est votre attitude vis-à-vis de la santé?*
5 Mon mode de vie affecte ma santé, et je m'efforce de traiter mon organisme correctement
4 Je suis généralement en bonne santé, mais je pense que les petites maladies sont inévitables de temps à autre
3 Ma santé est moyenne, et je ne peux rien y faire
2 Dans vingt ans, ma santé sera beaucoup moins bonne qu'actuellement
1 Je m'inquiète beaucoup pour ma santé

15. *Dans l'ensemble, votre régime alimentaire est :*
5 Excellent
4 Supérieur à la moyenne
3 Moyen
2 Pourrait être meilleur
1 Mauvais

Q.D. TOTAL POUR LE MODE DE VIE : _____58_____ (à inscrire page 232)

LE STRESS : UN TUEUR CACHÉ

Le stress est l'un des facteurs les plus puissants et les plus insidieux parmi ceux qui peuvent affecter votre système de défense. Nous savons qu'il existe des liens étroits entre le stress et votre santé. Le stress vous prive d'un grand nombre de vitamines : A, B, C, D et E, ainsi que de minéraux comme le zinc, le calcium, le fer, le magnésium, le potassium, le molybdène et le soufre. Nous avons vu combien tous ces nutriments sont importants pour votre système de défense, et il n'est donc pas surprenant qu'un niveau de stress élevé nuise à votre santé. Par conséquent, il est essentiel d'évaluer votre niveau de stress pour déterminer votre quotient de défense global.

Le questionnaire du stress

1. Dans l'ensemble, êtes-vous satisfait de votre activité professionnelle ?
5 Je fais exactement ce qui me plaît
4 Je suis assez satisfait malgré quelques mécontentements
3 Je ne suis pas très satisfait de mon travail
2 Je ne suis pas satisfait du tout, mais j'essaie d'améliorer la situation
1 Je me sens pris au piège

2. Quels changements importants se sont produits dans votre vie lors de l'année écoulée ?
5 Rien de très important
4 J'ai changé d'emploi/d'école; je me suis marié/fiancé; j'ai emménagé avec mon conjoint
3 J'ai connu un divorce/une séparation/une rupture sentimentale; un changement professionnel important; je me suis installé dans une région différente
2 Un parent proche ou un ami est décédé
1 Mon mari/ma femme est décédé

3. Quand avez-vous pour la dernière fois fait quelque chose pour vous amuser ?
5 Aujourd'hui
4 Lors des derniers jours
3 Au cours du mois écoulé
2 Je ne m'en souviens pas
1 L'amusement est réservé aux enfants; je n'en ai pas le temps

4. Votre profession ou vos activités quotidiennes sont-elles stressantes ?
5 Simplement passionnantes, et cela me plaît
4 Assez stressantes, mais cela ne me perturbe généralement pas trop
3 Le stress est parfois trop présent

2 Très stressantes, et je commence à en ressentir les effets

1 Trop stressantes; j'ai vraiment besoin de repos

5. Avez-vous des ulcères ou des problèmes gastriques?

5 Non, jamais

4 Pas actuellement, mais cela m'est arrivé

3 J'en ai peut-être, mais je ne l'ai jamais vérifié

2 Oui, cela m'arrive de temps à autre

1 Oui, ce sont des problèmes chroniques

6. Exprimez-vous souvent vos sentiments les plus profonds?

5 Toujours, j'en ai besoin

4 Généralement

3 Parfois, mais c'est difficile

3 Seulement quand je n'ai pas le choix

1 Jamais, ce n'est pas mon genre

7. Comment réagissez-vous habituellement à une situation stressante?

5 J'utilise des techniques mentales ou la relaxation pour me calmer

4 J'essaie de me convaincre de me calmer, mais je n'y parviens pas toujours

3 J'explose, puis je me sens mieux

2 Je me venge sur une autre personne, mais je m'en veux ensuite

1 Je garde ma tension pour moi

8. Actuellement, êtes-vous satisfait de votre vie?

5 Oui, très satisfait dans l'ensemble

4 Assez satisfait, malgré quelques problèmes

3 Pas toujours satisfait, mais j'essaie de vivre au jour le jour

2 Les choses ne vont pas très bien, mais sont en amélioration

1 J'aimerais être une autre personne

9. Avez-vous un ami proche ou un parent à qui vous pouvez vous confier ?

5 Oui, j'en ai même plusieurs
4 Sans doute un ami sûr
3 Je n'en suis pas certain
2 Probablement pas
1 Absolument pas

10. Estimez-vous être « amoureux » actuellement ?

5 Oui, et c'est merveilleux
4 Oui, sans exubérance
3 Pas actuellement, mais je l'ai été
2 Pas encore, mais j'espère l'être
1 Non, et je me demande si je le serai un jour

11. Avez-vous de l'énergie ?

5 Je déborde d'énergie
4 J'ai beaucoup d'énergie, mais rien de superflu
3 Les activités physiques ou mentales me fatiguent
2 Je n'ai pas autant d'énergie que dans le passé
1 Je suis souvent ou toujours fatigué

12. Combien d'heures de sommeil prenez-vous ?

5 Six à huit heures, et je me sens toujours reposé
4 Parfois moins, mais j'arrive généralement à rattraper
3 Moins que je le souhaiterais, et j'ai parfois le sentiment d'avoir besoin d'une petite sieste
2 Pas autant qu'il m'en faudrait
1 Je dors très mal, et je suis presque toujours fatigué

13. Souffrez-vous de maux de tête ?

5 Tout au plus une ou deux fois par an
4 Moins d'une fois par mois
3 De temps à autre, j'ai des maux de tête légers ou douloureux
2 Fréquemment
1 Les maux de tête sont un véritable problème pour moi

14. Un parent proche a-t-il connu des troubles cardiaques ?

5 Non
4 Seulement un parent
3 Plus d'un parent proche

2 Je souffre d'hypertension artérielle
1 J'ai souffert d'angine de poitrine ou d'un infarctus

Q.D. TOTAL POUR LE STRESS : _____ (à inscrire page 232)

LE RÔLE DE L'EXERCICE

La quantité d'exercice que vous pratiquez peut également affecter votre système de défense. Le questionnaire suivant a été établi en association avec de célèbres spécialistes de la médecine sportive de New York, afin de vous aider à évaluer votre Q.D. en matière d'exercice.

Le questionnaire de l'exercice

1. Combien de fois pratiquez-vous un exercice de manière vigoureuse pendant quinze à vingt minutes ?
5 Plus de quatre fois par semaine
4 Environ trois fois par semaine
3 Une ou deux fois par semaine
2 Assez rarement
1 Je ne fais pas d'exercice

2. Comment décririez-vous votre tension artérielle ?
5 Elle est basse
4 Elle est normale
3 Elle était trop élevée, mais elle est maintenant normale
2 Elle est parfois trop élevée
1 Elle est toujours trop élevée

3. Quel est votre rythme cardiaque après quinze minutes de repos ?
5 Inférieur à 65 pulsations à la minute
4 65 à 70 pulsations à la minute _____
3 71 à 75 pulsations à la minute
2 76 à 85 pulsations à la minute
1 Supérieur à 85 pulsations à la minute

4. Pratiquez-vous des activités de plein air ?

5 Oui, le plus souvent possible
4 Souvent
3 Parfois
2 Assez souvent
1 Jamais

5. Comment vous sentez-vous à la suite d'un exercice physique intense ?

5 Parfaitement bien
4 Bien, parfois un peu fatigué
3 J'ai toujours besoin de me reposer un moment
2 Fatigué, épuisé
1 Je suis malade, j'ai des nausées

6. Comment vous sentez-vous par temps très froid ?

5 Bien, je ne suis pas frileux
4 Je ne suis généralement pas frileux
3 Il m'arrive d'avoir des refroidissements, mais rien de grave
2 Je prends froid très facilement
1 Je n'arrive pas à me réchauffer, quoi que je fasse

7. Quand avez-vous pour la dernière fois parcouru trois kilomètres en marchant sans vous arrêter ?

5 Plus d'une fois lors de la semaine écoulée
4 Une fois lors de la semaine écoulée
3 Une fois lors du mois écoulé
2 Une fois lors des trois derniers mois
1 Je ne me souviens pas

8. Comment est votre condition physique actuelle par rapport à ce qu'elle était il y a cinq ans ?

5 Elle est pareille, j'ai toujours été en bonne condition
4 Ma condition physique est meilleure qu'elle ne l'était il y a cinq ans
3 Légèrement moins bonne qu'il y a cinq ans
2 Nettement moins bonne qu'il y a cinq ans
1 Je n'ai jamais été en bonne condition physique

Q.D. TOTAL POUR L'EXERCICE : _____ (à inscrire page 232)

VOTRE Q.D. GLOBAL

Calculez vous-même votre Q.D.

Inscrivez ci-dessous les scores que vous avez obtenus aux différents questionnaires :   *1995*   *2003*

Q.D. vitamines	_____	69	
Q.D. minéraux	_____	34	
Q.D. amino-acides	_____	39	
Q.D. mode de vie	_____	69	58
Q.D. stress	_____	48	48
Q.D. exercice	_____	24	19
Q.D. total	_____	283	

Si votre Q.D. total est de :	Vous êtes dans la catégorie :
351-390	A
276-350	B
196-275	C
121-195	D
78-120	E

Si votre Q.D. est de niveau A

Vous êtes dans la catégorie A, FÉLICITATIONS! Votre système de défense est aussi sain que possible. Vous trouverez les listes de nutriments dont vous avez besoin pour vous maintenir dans une forme parfaite à la page 235.

Si votre Q.D. est de niveau B

Bonne nouvelle! Les tests indiquent que votre système de défense est en bonne santé, mais que vous pouvez le régler de manière plus précise·pour progresser encore sur cette bonne voie. Vous obtiendrez d'excellents résultats en suivant le programme de la page 236. Suivez-le pendant six semaines, puis vous pourrez passer au programme A page 235. Ces doses correspondent à l'entretien de votre système de défense, et vous pourrez les conserver aussi longtemps que vous le souhaiterez. Lorsque vous serez au niveau A, vous pourrez inclure dans votre régime autant d'éléments fortifiants du système de défense que vous le voudrez.

Si votre Q.D. est de niveau C

Si vous êtes dans la catégorie C, vous vous situez dans le groupe idéal pour tirer des bénéfices maximaux des nutriments conseillés ici. Pour obtenir les meilleurs résultats sans aucun risque, vous devez suivre un régime de suppléments en quatre étapes. Pendant les cinq prochains jours, suivez le programme A de la page 235. Ensuite, pendant les cinq jours suivants, passez au programme B de la page 236. Vous serez alors prêt à redonner de l'énergie à votre système de défense et vous pourrez suivre le programme C de la page 237 pendant les quatre semaines suivantes.

Ensuite, inversez le processus. Pendant quatre semaines, suivez le programme B. Et enfin, adoptez le programme A. Vous pouvez conserver ce régime aussi longtemps que vous le voulez, et vous pouvez également y ajouter des fortifiants du système de défense.

Si votre Q.D. est de niveau D

Vous pouvez vous attendre à des changements réels et positifs grâce au régime Berger. Mais vous ne pouvez pas adopter brusquement le programme D. Vous devez reconstituer progressivement votre organisme pour obtenir les résultats les plus positifs sans risque. Commencez par cinq jours de programme A, page 235. Puis, cinq jours de programme B, page 236, suivis de cinq jours de programme C page 237. Vous serez alors prêt à reconstruire votre système de défense et à suivre le programme D de la page 238 pendant quatre semaines. Ensuite, suivez le programme B pendant quatre semaines, et enfin le programme A que vous pourrez poursuivre aussi longtemps que vous le souhaiterez, et qui entretiendra la santé optimale de votre système de défense. Vous pourrez également ajouter quelques éléments fortifiants.

Si votre Q.D. est de niveau E

De tous les groupes, c'est vous qui avez le plus à gagner du régime Berger! Cependant, IL NE FAUT PAS vous lancer immédiatement dans le programme E. Il est préférable d'habituer progressivement votre organisme à ce régime. Commencez par suivre le programme A, page 235 pendant cinq jours. Ensuite, suivez le programme B, page 236, pendant cinq jours, puis le programme C, page 237, pendant cinq jours, et le programme D, page 238, pendant cinq jours également. Vous serez alors prêt à reconstruire votre système de défense et à suivre le programme E, page 239, pendant quatre semaines. Passez ensuite au programme C pendant quatre semaines, puis suivez le programme B pendant quatre semaines. Vous serez alors prêt pour le programme A que vous pourrez poursuivre aussi longtemps que vous le voudrez et qui entretiendra votre organisme dans une condition optimale. Vous pourrez y ajouter quelques éléments fortifiants du système de défense.

VOTRE PROGRAMME DE NUTRIMENTS SELON VOTRE Q.D.

Maintenant que vous avez déterminé votre quotient de défense, passez au programme de nutriments spécifiquement conçu pour votre catégorie. Observez avec précision toutes les doses conseillées.

Q.D. de niveau A

Vitamines

Vitamine A	10 000 U.I.
Vitamine B1 Thiamine	100 mg
Vitamine B2 Riboflavine	100 mg
Vitamine B3 Niacine	100 mg
Acide pantothénique B5	200 mg
Vitamine B6 Pyridoxine	50 mg
Acide PAB	250 mg
Vitamine B12	200 mcg
Acide folique	400 mcg
Choline	200 mg
Inositol	200 mg
Biotine	100 mcg
Vitamine C	2 000 mg
Vitamine D	400 U.I.
Vitamine E	400 U.I.
Bioflavonoïdes :	
Rutine	400 mg
Hespéridine complexe	400 mg

Minéraux

Calcium	400 mg
Magnésium	200 mg
Fer	10 mg
Zinc	50 mg
Sélénométhionine	100 mcg

Amino-acides

Hydrochlorure de NN-diméthylglycine	100 mg

Ajoutez ici les doses éventuelles de fortifiants du système de défense recommandés page 240 :

_____
_____
_____
_____
_____
_____

mg = milligramme
mcg = microgramme

Q.D. de niveau B

Vitamines

Vitamine A	15 000 U.I.
Vitamine B1 Thiamine	200 mg
Vitamine B2 Riboflavine	150 mg
Vitamine B3 Niacine	100 mg
Vitamine B5 Acide pantothénique	250 mg
Vitamine B6 Pyridoxine	75 mg
Acide PAB	300 mg
Vitamine B12	250 mcg
Acide folique	400 mcg
Choline	250 mg
Inositol	250 mg
Biotine	200 mcg
Vitamine C	3 000 mg
Vitamine D	400 U.I.
Vitamine E	400 U.I.
Bioflavonoïdes :	
Rutine	400 mg
Hespéridine complexe	400 mg

Minéraux

Calcium	600 mg
Magnésium	300 mg
Fer	15 mg
Zinc	50 mg
Sélénométhionine	150 mcg

Amino-acides

Hydrochlorure de NN-diméthylglycine	100 mg
Cystéine	1 000 mg
(à prendre avec la vitamine C)	

mg = milligramme
mcg = microgramme

Q.D. de niveau C

Vitamines

Vitamine A	15 000 U.I.
Vitamine B1 Thiamine	250 mg
Vitamine B2 Riboflavine	150 mg
Vitamine B3 Niacine	200 mg
Vitamine B5 Acide pantothénique	300 mg
Vitamine B6 Pyridoxine	100 mg
Acide PAB	500 mg
Vitamine B12	300 mcg
Acide folique	500 mcg
Choline	300 mg
Inositol	300 mg
Biotine	300 mcg
Vitamine C	4 000 mg
Vitamine D	600 U.I.
Vitamine E	600 U.I.
Bioflavonoïdes :	
Rutine	500 mg
Hespéridine complexe	500 mg

Minéraux

Calcium	800 mg
Magnésium	400 mg *
Manganèse	5 mg
Fer	20 mg
Zinc	75 mg
Sélénométhionine	200 mcg
Cuivre	0,1 mg

Amino-acides

Hydrochlorure de NN-diméthylglycine	200 mg
Arginine (au coucher)	1 000 mg
Ornithine	1 000 mg
Cystéine	1 000 mg
(à prendre avec la vitamine C)	

mg = milligramme
mcg = microgramme

* *Si vous souffrez de troubles rénaux,
réduisez cette dose à 300 mg.*

Vitamines

Vitamine A	20 000 U.I.
Vitamine B1 Thiamine	300 mg
Vitamine B2 Riboflavine	200 mg
Vitamine B3 Niacine	300 mg
Vitamine B5 Acide pantothénique	500 mg
Vitamine B6 Pyridoxine	150 mg
Acide PAB	750 mg
Vitamine B12	400 mcg
Acide folique	600 mcg
Choline	400 mg
Inositol	400 mg
Biotine	400 mcg
Vitamine C	5 000 mg
Vitamine D	600 U.I.
Vitamine E	800 U.I.
Bioflavonoïdes :	
Rutine	500 mg
Hespéridine complexe	500 mg

Minéraux

Calcium	1 000 mg
Magnésium	500 mg *
Manganèse	10 mg
Fer	25 mg
Zinc	75 mg
Sélénométhionine	250 mcg
Cuivre	0,1 mg
Chrome	100 mcg
Phosphore	150 mg
Potassium	99 mg

Amino-acides

Hydrochlorure de NN-diméthylglycine	200 mg
Arginine (au coucher)	2 000 mg
Ornithine	1 000 mg
Cystéine	1 500 mg
(à prendre avec la vitamine C)	

mg = milligramme
mcg = microgramme

* *Si vous souffrez de troubles rénaux,*
réduisez cette dose à 300 mg.

Q.D. de niveau E

Vitamines

Vitamine A	20 000 U.I.
Vitamine B1 Thiamine	500 mg
Vitamine B2 Riboflavine	250 mg
Vitamine B3 Niacine	400 mg
Vitamine B5 Acide pantothénique	750 mg
Vitamine B6 Pyridoxine	200 mg
Acide PAB	1 000 mg
Vitamine B12	500 mcg
Acide folique	800 mcg
Choline	500 mg
Inositol	500 mg
Biotine	500 mcg
Vitamine C	6 000 mg
Vitamine D	1 000 U.I.
Vitamine E	1 000 U.I.
Bioflavonoïdes :	
Rutine	
Hespéridine	

Minéraux

Calcium	1 200 mg
Magnésium	600 mg *
Manganèse	20 mg
Fer	25 mg
Zinc	100 mg
Sélénométhionine	300 mcg
Cuivre	0,2 mg
Chrome	200 mcg
Phosphore	200 mg
Potassium	99 mg

Amino-acides

Hydrochlorure de NN-diméthylglycine	300 mg
Arginine (au coucher)	3 000 mg
Ornithine	2 000 mg
Cystéine	2 000 mg
(à prendre avec la vitamine C)	

mg = milligramme
mcg = microgramme

* *Si vous souffrez de troubles rénaux, réduisez cette dose à 300 mg.*

LES FORTIFIANTS DU SYSTÈME DE DÉFENSE

Il existe dans la vie de chacun de nous des éléments particuliers qui augmentent nos besoins de certains nutriments par rapport aux doses normales conseillées. Si vous correspondez à l'une des catégories ci-dessous, ajoutez ces fortifiants supplémentaires à votre *dose finale d'entretien* — c'est-à-dire aux doses que vous prendrez lorsque vous serez au niveau A.

N'oubliez surtout pas que vous ne devez prendre ces fortifiants que lorsque vous vous trouvez dans la catégorie A. Ils sont conçus pour s'harmoniser avec les doses d'entretien du Q.D. Ne les ajoutez pas aux doses de niveau B, C, D ou E.

Pour les hommes

Sélénométhionine	50 mcg
Zinc	30 mg
Vitamine E	200 U.I.

Pour les femmes

Acide folique	200 mcg
Calcium	500 mg
Magnésium	500 mg
Fer	10 mg

Si vous prenez des contraceptifs oraux

Vitamine B6	25 mg
Vitamine C	500 mg
Acide folique	400 mcg
Zinc	25 mg
Vitamine E	100 U.I.
Chrome	25 mcg

Si vous suivez un traitement antibiotique

Acide folique	100 mcg
Vitamine B12	20 mcg
Vitamine C	500 mg

Si vous prenez des diurétiques ou des médicaments contre l'hypertension artérielle :

Magnésium	100 mg
Zinc	20 mg

Si vous faites beaucoup d'exercice (vingt minutes d'exercice soutenu trois fois par semaine ou davantage)

Vitamine B complexe 100 (sans levure)	comprimé/jour
Magnésium	100 mg
Vitamine E	200 U.I.
Vitamine C	1 000 mg
Calcium	200 mg
Potassium	50 mg
Fer	5 mg

POUR VOTRE PROPRE BIEN

Nous avons parlé jusqu'à présent des diverses possibilités que vous offre le régime Berger. Il est temps maintenant de formuler quelques avertissements.

Certaines personnes souffrent de maladies ou de troubles héréditaires qui font que certains suppléments du programme doivent leur être déconseillés. Si vous souffrez notamment des affections que je vais mentionner, il est très important que vous *évitiez* les nutriments qui sont précisés dans chaque cas.

Naturellement, avant d'entamer le régime Berger, je vous conseille de consulter votre médecin afin de vous assurer que vous ne souffrez pas d'un problème insoupçonné qui risquerait d'entraîner des ennuis avec certains suppléments alimentaires. Ne soyez pas surpris si votre médecin ne connaît pas vraiment le principe des suppléments alimentaires destinés au système de défense, car la plupart de ces découvertes sont récentes et ne font pas partie de sa spécialité.

- Si vous êtes enceinte, NE PRENEZ PAS plus de 50 mg de vitamine B6 par jour. *Toutes les femmes enceintes doivent consulter leur médecin avant de se lancer dans ce régime ou dans toute prise de suppléments alimentaires.*
- Si vous *prenez régulièrement des médicaments* ou si vous suivez un traitement pour une maladie chronique (notamment les troubles

cardiaques, l'hypertension artérielle ou le diabète), vos suppléments alimentaires diminueront peut-être votre besoin de médicaments. Parlez-en à votre médecin avant de prendre des suppléments.

- Les *adolescents* ne doivent pas prendre ces suppléments sans avoir préalablement consulté leur médecin.
- Si vous souffrez d'une *affection cardiaque,* consultez votre médecin afin de déterminer la quantité de vitamine D que vous devez prendre.
- Si vous souffrez d'un *rhumatisme cardiaque,* la vitamine E risque d'aggraver votre mal. Consultez votre médecin avant d'en prendre.
- Si vous souffrez de *troubles rénaux,* NE PRENEZ PAS plus de 300 mg de magnésium par jour, et ne prenez pas plus de 500 mg de vitamine C.
- Si vous souffrez de *diabète, d'ulcères à l'estomac,* de *glaucome* ou de *problèmes hépatiques,* consultez votre médecin avant de prendre de la niacine.
- Si vous souffrez d'*hypertension artérielle,* NE PRENEZ PAS de phénylalanine sans en informer votre médecin, car ce supplément risque d'entraîner une élévation de la tension artérielle.
- Si vous êtes *diabétique,* NE PRENEZ PAS de vitamines C et B1 ni de cystéine sans consulter votre médecin. Ces suppléments risquent en effet de perturber le niveau d'insuline dans l'organisme.
- Si vous souffrez de *phénylcétonurie,* NE PRENEZ PAS de phénylalanine.
- Si vous souffrez de *déséquilibre aminé,* ou d'un problème d'assimilation ou de synthèse des amino-acides, NE PRENEZ PAS d'amino-acides sans consulter préalablement votre médecin.
- En ce qui concerne la cystéine, respectez soigneusement les doses conseillées. Le rapport avec la vitamine C doit être de 1 à 3.

N'ABUSEZ PAS DES BONNES CHOSES

Les suppléments de ces programmes vous apporteront une meilleure santé, de même que les diverses suggestions de vitamines, de minéraux, d'acides gras et d'amino-acides que je vous indique dans le chapitre suivant pour traiter des problèmes spécifiques tels que le blanchissement des cheveux, les insomnies, la perte d'appétit, ou le syndrome prémenstruel. Il faut cependant veiller à ne pas abuser des meilleures choses, et il est important d'éviter les surdoses.

Attendez de parvenir au niveau A d'entretien avant de prendre les remèdes spécifiques que je vous conseille dans le dernier chapitre. *Ne les ajoutez pas* aux doses de reconstitution de niveau B, C, D ou E. Il en est de même pour les éléments fortifiants du système de défense. Ces doses supplémentaires *ne doivent être utilisées que* lorsque vous avez atteint le régime de catégorie A.

15

Quelques conseils pour chacun d'entre vous

Je vais maintenant vous traiter comme si vous étiez assis face à moi dans mon cabinet, et vous donner quelques conseils.

Ces suppléments alimentaires particuliers ont été conçus pour traiter des patients souffrant de problèmes spécifiques. Ils ont déjà été essayés à maintes reprises, et leur caractère efficace et inoffensif est désormais établi.

Cependant, et j'insiste sur cette restriction, n'utilisez aucune de ces formules avant que votre système de défense ne soit parfaitement réglé, c'est-à-dire avant de suivre le programme de niveau A. *Si vous le faisiez plus tôt, cela nuirait à votre progression vers un système de défense sain, et risquerait même de perturber ce système.*

Pour les personnes à niveau A, voici quelques conseils concernant un *somnifère* naturel, un *stimulant cérébral* à base d'amino-acides, un remède contre les perturbations dues au *décalage horaire*, un *coupe-faim* naturel et une formule permettant de *soulager les symptômes du syndrome prémenstruel*. Vous trouverez également une *formule « du lendemain »*, et un programme de nutriments qui aidera votre organisme à combattre *les effets du tabac et de l'alcool*. Je vous dirai même comment *empêcher les cheveux de blanchir prématurément!*

UN SOMNIFÈRE NATUREL ET SANS DANGER

N'utilisez pas de somnifère ni de narcotique très puissants. Essayez plutôt cette recette naturelle à base d'amino-acides pour profiter enfin du repos dont vous avez besoin :
500 mg de tryptophane six heures après votre lever.
500 mg de tryptophane (à jeun) une heure avant de vous coucher.

UN REMÈDE CONTRE LES PERTURBATIONS DUES AU DÉCALAGE HORAIRE

Si vous voyagez souvent, vous bénéficiez peut-être de réductions très intéressantes sur certains vols, mais le décalage horaire perturbe considérablement votre santé. Les personnes qui voyagent fréquemment sur de longues distances sont d'ailleurs plus souvent malades que les autres, et bien souvent victimes de troubles dus à un mauvais fonctionnement de leur système de défense. Les chercheurs estiment que ce phénomène vient probablement du déréglage constant de l'horloge biologique de l'organisme.

Vous pouvez utiliser les amino-acides pour amoindrir les conséquences du décalage horaire et les troubles dus à ce déréglage permanent de l'horloge biologique de votre corps. La prochaine fois que vous ferez un long voyage, en particulier de l'ouest vers l'est, ce qui est très pénible pour les rythmes naturels de l'organisme, essayez la recette suivante :

100 mg de vitamine B 6
1 g de tyrosine
1 g de vitamine C

Prenez ces nutriments juste avant de vous coucher au retour de votre vol, ou, si vous pouvez dormir dans l'avion, juste avant de vous installer pour la nuit. Essayez de les prendre à jeun. Si ce n'est pas efficace, ou si vous souffrez de maux de tête, remplacez la tyrosine par une dose équivalente de phénylalanine.

UN STIMULANT CÉRÉBRAL À BASE D'AMINO-ACIDES

La phénylalanine améliore les fonctions cérébrales supérieures, et notamment la mémoire, la compréhension, la motivation et la vivacité. Allez-vous passer un examen, faire un discours, ou assister à une réunion importante pour laquelle vous devez être en pleine forme ? Dans ce cas, adoptez la formule suivante, et essayez de prendre ces nutriments à jeun, et assez tôt dans la journée :

> 1 g de phénylalanine
> 1 g de vitamine C
> 200 mg de vitamine B6

LE « COCKTAIL DIÉTÉTIQUE » COUPE-FAIM

L'une des meilleures utilisations des amino-acides pour perdre du poids est ce que j'appelle mon « cocktail diététique » : il s'agit d'une formule spéciale que j'ai mise au point et qui utilise les vitamines et les amino-acides naturels pour réduire l'appétit. Les coupe-faim ont acquis une mauvaise réputation bien méritée, car ils peuvent être dangereux, contenir des drogues à accoutumance comme les amphétamines et avoir des effets secondaires.

Ce « cocktail diététique » évite tous ces inconvénients. Il utilise des ingrédients naturels, et fonctionne en harmonie avec le centre de contrôle de l'appétit situé dans le cerveau. Vous pouvez désormais porter un toast à la bonne santé grâce à ce cocktail. En voici la recette :

> 1000 mg de vitamine C
> 500 mg de phénylalanine
> 100 mg de vitamine B6

Pour obtenir les meilleurs résultats, prenez ces nutriments juste avant de vous coucher, à jeun. Vous vous apercevrez qu'ils réduiront votre appétit le lendemain.

Certaines personnes sont allergiques à la phénylalanine présente dans ce cocktail. Si c'est votre cas, vous pouvez la remplacer par une dose équivalente de *tyrosine*. Quelle que soit la recette la plus efficace pour vous, ce « cocktail » est la meilleure façon de réduire votre appétit.

UN SOULAGEMENT NATUREL
DU SYNDROME PRÉMENSTRUEL

Les minéraux peuvent vous aider si vous faites partie des millions de femmes qui souffrent de symptômes prémenstruels très désagréables. Nous ne connaissons que depuis peu de temps les nombreuses manifestations de ces symptômes : angoisse, irritabilité, maux de tête, dépression, envie de sucreries, gain de poids, et même douleurs dans les seins. Si vous éprouvez l'un des symptômes qui viennent d'être cités, prenez les suppléments de minéraux et de vitamines dont la liste suit.

Si vous souffrez de...	*Prenez ces suppléments*	
Angoisse / Irritabilité	Vitamine E	800 U.I. / jour
	Vitamine B1	250 mg / jour
	Vitamine B6	400 mg / jour
	Magnésium	500 mg / jour
Maux de tête, vertiges, envie de sucreries, faiblesse	Vitamine E	800 U.I. / jour
	Vitamine B1	250 mg / jour
	Vitamine B6	400 mg / jour
	Vitamine C	2 g (3 fois / jour)
	Chrome	200 mcg / jour
Douleurs ou sensibilité des seins	Vitamine B1	250 mg / jour
	Vitamine E	800 U.I. / jour
	Magnésium	500 mg / jour
	Essence de primevère	2 g (3 fois / jour)
Dépression, idées confuses, fatigue, léthargie	Vitamine E	800 U.I. / jour
	Vitamine B1	250 mg / jour
	Vitamine B6	400 mg / jour
	Zinc	30 mg / jour
	Tryptophane *	1000 mg / jour

*** Si vous ne ressentez pas d'amélioration, ou si vous avez des maux de tête, remplacez le tryptophane par une dose équivalente de phénylalanine.**

1. Pour obtenir les meilleurs résultats, commencez à prendre ces suppléments dix jours avant le début de vos règles.

2. Si vous souffrez de plusieurs symptômes, trouvez quel est le plus désagréable, et prenez les suppléments que je recommande pour ce problème précis. *Ne prenez pas de suppléments pour traiter plusieurs symptômes à la fois.*

POUVEZ-VOUS RÉSISTER À L'ALCOOL ?

La plupart d'entre nous connaissent les effets visibles de l'alcool, mais on sait rarement qu'il risque d'entamer considérablement nos réserves de minéraux et de vitamines. Lorsque vous métabolisez l'alcool, votre organisme élimine de grandes quantités d'eau par les reins afin d'évacuer l'alcool du sang, et cette eau emporte avec elle tous les minéraux hydrosolubles : potassium, sodium, fer, zinc, cuivre. Le déséquilibre minéral est en partie responsable de cette pénible sensation de « gueule de bois » que l'on éprouve le lendemain, et explique pourquoi de nombreux buveurs sont sujets aux angoisses, à la fatigue, à l'insomnie, aux baisses d'énergie, à l'irritabilité, à la confusion des idées et à la dépression.

Il n'est pas nécessaire de boire beaucoup pour ressentir ces symptômes : deux apéritifs peuvent suffire à vous donner une impression de fatigue et de malaise pendant toute la journée du lendemain. L'alcool en quantités modérées n'est généralement pas considéré comme dangereux *si vous veillez à remplacer ces vitamines et ces minéraux que vous perdez.*

UNE FORMULE DU LENDEMAIN

Si vous buvez de l'alcool, voici une formule qui vous aidera à remplacer les nutriments essentiels que l'alcool à évacués de votre organisme. Au lendemain d'une nuit difficile, prenez :

> 100 mg de vitamine B1 (Thiamine)
> 100 mg de vitamine B2 (Riboflavine)
> 50 mg de vitamine B6
> 250 mcg de vitamine B12
> 1000 mg de vitamine C
> 50 mg de zinc

CAFÉ, COCA ET MINÉRAUX

Quel est le point commun entre le café, le thé, le chocolat et de nombreuses boissons sucrées ? Ils contiennent tous de la caféine, qui peut saper les réserves de votre organisme en minéraux. Par un processus biochimique complexe, la caféine « trompe » vos reins qui évacuent leurs réserves de vitamines et de minéraux essentiels. Cette perte, associée à l'effet de la caféine sur le système nerveux central, provoque une grande diversité de symptômes : nervosité, difficultés de concentration, insomnie et perte de vigilance du système de défense.

UN ANTIDOTE À LA CAFÉINE

Que vous buviez du café à longueur de journée ou simplement un ou deux cocas dans la journée, voici une formule qui vous aidera à remplacer les nutriments détruits par la caféine.

> 1000 mg de vitamine C
> 50 mg de zinc
> 400 mg de calcium
> 500 mg de magnésium
> Vitamine B complexe

DES VITAMINES POUR LES FUMEURS

Nous avons tous entendu parler des méfaits du tabac, mais vous ignorez peut-être que le tabac entame les réserves de vitamines de votre organisme. En fait, il prive le corps de vitamines telles que la thiamine (B1), la pyridoxine (B6) et la vitamine C qui donne sa puissance au système de défense et assure le bon fonctionnement du système nerveux.

Si vous ne disposez plus de réserves suffisantes de vitamines B et C, vous devenez plus angoissé, plus irritable et plus nerveux; c'est pourquoi on dit souvent que les fumeurs sont énervés en permanence. Le plus grave, c'est que votre système de défense est alors privé des vitamines dont il a besoin pour vous protéger au moment précis où elles seraient les plus utiles — lorsque vous inhalez les substances nocives présentes dans la fumée de cigarette.

Chaque cigarette que vous fumez détruit en moyenne 25 mg de vitamine C. Si vous fumez deux paquets par jour, vous perdez 1000 mg de vitamine C, ce qui correspond à une dose supérieure à ce qu'absorbent quotidiennement la plupart d'entre nous. Ces pertes cumulées vous entraînent dans un cercle vicieux. Plus vous fumez, plus votre système de défense a besoin de force, et moins il a de force. Ce cercle ne cesse de s'aggraver, car plus vous êtes soumis au stress, plus vous avez envie de fumer.

Il est également indispensable que les fumeurs consomment de nombreux aliments riches en vitamine A, comme le foie, le jaune d'œuf et une grande variété de légumes verts et jaunes.

Mais si vous fumez c'est peut-être parce que vous manquez de *plusieurs vitamines*. Voici ce que je conseille de prendre chaque matin à ceux de mes patients qui continuent à fumer :

> 20 000 U.I. de vitamine A
> 400 U.I. de vitamine E
> 1000 mg de vitamine C
> 50 mg de zinc
> 100 mg de thiamine (B1)
> 100 mg de riboflavine (B2)
> 50 mg de pyridoxine (B6)
> 250 mcg de cobalamine (B12)

FINIS LES CHEVEUX GRIS!

Vous souvenez-vous de mon patient dont les cheveux étaient déjà grisonnants à l'âge de vingt-six ans? Ce qui lui est arrivé risque de vous arriver si vous ne prenez pas les vitamines qui vous sont nécessaires.

Vous pouvez aussi retrouver votre couleur de cheveux naturelle sans utiliser de produits colorants.

La couleur des cheveux est fortement influencée par les vitamines B que sont l'acide pantothénique, l'acide PAB et l'acide folique, qui produisent la pigmentation. Si vous prenez ces vitamines, vous pourrez vous débarrasser de vos cheveux gris d'une manière naturelle, durable et sans danger, et retrouver votre jeunesse.

Si vos cheveux blanchissent prématurément, essayez cette formule inoffensive et efficace quotidiennement pendant trois mois, et vous constaterez une amélioration notable :

       300 mg d'acide pantothénique (vitamine B5)
       1000 mg d'acide PAB
       600 mcg d'acide folique

16

Une meilleure santé et la minceur

Tels sont les deux atouts que va vous apporter le régime Berger.

Vous savez maintenant que le régime Berger est différent des autres, qui se fondent sur des privations constantes infligées à l'organisme, et qui minent sa biochimie et son intégrité.

Au contraire, mon programme de nutrition accentue les aspects positifs, et met tous les éléments nutritionnels de votre côté pour aider votre organisme à construire lui-même sa santé de manière spectaculaire.

Par ailleurs, ce régime s'appuie sur les dernières découvertes scientifiques. Les recherches que je cite tout au long de cet ouvrage correspondent aux données médicales les plus avancées que l'on possède aujourd'hui.

Cela signifie-t-il que ce régime est parfait ? Non, il n'existe pas de régime parfait. Dans ce domaine, les évolutions sont si rapides et nous apprenons tant de choses si vite que nous sommes loin de posséder des réponses absolues.

Cependant, vous pourrez mettre sans crainte en pratique le régime Berger *dès maintenant* pour reconstruire votre santé, votre énergie et votre silhouette.

N'OUBLIEZ PAS...

- Vous pouvez souffrir de symptômes de manque lors de la première semaine du régime. Ils ne doivent pas vous inquiéter : en fait, ils prouvent simplement que le régime est efficace. Si cela vous pose des problèmes, vous pouvez relire les conseils donnés au chapitre 3.
- Si vous suivez un traitement médical ou si vous êtes soigné pour une maladie chronique, vous remarquerez peut-être des changements dans l'effet de vos médicaments habituels. En perdant du poids et en acquérant une meilleure santé, vous constaterez peut-être que des doses réduites de ces médicaments vous apportent les mêmes résultats. N'oubliez pas d'informer votre médecin que vous suivez le régime Berger de manière qu'il puisse modifier son traitement en fonction de vos résultats.

A QUOI DEVEZ-VOUS RENONCER?

Je ne nie pas que le régime Berger vous oblige à considérer l'alimentation d'une manière différente, mais je ne vous demande pas de tout sacrifier. Il suffit d'identifier, puis d'éliminer les toxines cachées qui perturbent actuellement votre santé et votre énergie. Lorsque votre organisme se sera remis des effets de ces allergies cachées, vous pourrez à nouveau manger ces aliments en quantités modérées. Vous ne devrez éliminer totalement de votre alimentation qu'un nombre très restreint de produits.

CHOISISSEZ LE PROGRAMME
DONT VOUS AVEZ BESOIN

Si vous cherchez avant tout
à perdre du poids

Ceux d'entre vous pour qui la perte de poids est un élément clé de l'amélioration de la santé — ceux qui ont besoin de perdre dix, vingt, ou même quarante kilos — pourront commencer par le régime d'élimination de la partie II. Vous y trouverez la solution la plus efficace et la plus inoffensive pour vous débarrasser de vos kilos excédentaires.

Cependant, votre régime ne s'arrêtera pas là. Lorsque vous aurez perdu cet excédent de poids, vous pourrez améliorer votre quotient de défense, comme je vous le conseille dans la deuxième partie. (Vous pourrez également apprécier les recettes de la deuxième partie qui vous aideront à vous maintenir à votre nouveau poids.) Pour tirer le bénéfice maximal de cet ouvrage, suivez le régime de la deuxième partie, reconstruisez votre santé avec la troisième partie, et adoptez les recettes d'entretien de la deuxième partie.

Si vous cherchez avant tout la santé et la vitalité

Si vous vous trouvez actuellement à votre poids idéal, votre objectif n'est manifestement pas de perdre des kilos. Vous vous êtes intéressé à ce régime pour améliorer votre santé, votre longévité, votre énergie, votre vitalité et la qualité de votre vie.

Naturellement, même si vous faites partie de ces chanceux qui n'ont aucun problème de poids, vous n'êtes pas nécessairement en bonne santé pour autant. Il existe de nombreux autres facteurs qui peuvent affecter votre santé : l'état de votre cœur, votre taux de cholestérol, votre tension artérielle, votre taux de sédimentation (un test médical qui permet de révéler toutes sortes de maladies), etc.

Dans mon cabinet, je vois souvent des patients qui sont minces, voire même maigres, et qui ont absolument besoin de reconstituer leur système de défense. Si c'est également votre cas, votre régime se consacrera à l'identification de vos allergies alimentaires cachées (deuxième partie) et à l'amélioration de votre quotient de défense dans la troisième partie. Vous pouvez également utiliser les recettes du pouvoir immunigène dans la deuxième partie.

LE PREMIER PAS

Mon expérience avec des milliers de patients m'a appris que le plus difficile était le premier pas. Si vous le franchissez, la suite vous paraîtra facile.

Comment puis-je en être si certain ? Parce que j'ai

vu à de nombreuses reprises combien ce régime est efficace. Et rien n'est plus stimulant que d'obtenir rapidement des résultats! Vous n'avez aucune idée du bien-être que vous ressentirez lorsque votre organisme sera parfaitement réglé.

J'ai écrit cet ouvrage pour vous permettre d'utiliser les informations et les technologies les plus avancées pour que vous bénéficiez immédiatement et réellement de leurs avantages. N'attendez pas... Faites le premier pas sur la route de la santé.

TABLE

INDEX DES RECETTES